—语文名著引读丛书—

红岩引读

湖北省教育科学研究院◎组织编写

长江出版传媒 | 长江文艺出版社

《语文名著引读丛书》编委会

编写说明

阅读是一个民族的核心文化行为。阅读的规模和质量是衡量一个民族和民众个体文明程度的重要指标。倡导全民阅读，发展全民阅读素养，对于提升国家民族和民众个体的生存力、发展力，具有重大的现实意义和长远的战略意义。

中学生群体是全民阅读的重要组成部分。中学生“读书少、不读书”已然是普遍存在的不可回避的事实。改革中学语文教学，特别是引导学生“好读书，多读书，读好书”，是社会诉诸语文教育的重大关切，也是全面提升学生语文素养的必由之路。

鉴于此，湖北省教育科学研究院组织编写《语文名著引读丛书》（下称《丛书》）。该书由长江文艺出版社出版，供各地中学生选择使用。

《丛书》从中学生实际出发，引导学生读恰当的书。

依据《九年义务教育语文课程标准（2013版）》《高中语文课程标准（2017版）》，以及初中语文教科书“名著阅读”推荐篇目，高中语文教科书“整本书阅读”确定篇目,《丛书》选定44部经典作品作为“引读”内容，其中初中阶段36部，高中阶段8部。根据不同阶段中学生实际，44部经典作品在各年级分秋季、春季推荐阅读，秋季、春季各安排22部作品。

推荐这44部经典作品，不是要求每位学生都读完，而是为了确保学生阅读的经典性和可选择性，帮助学生解决“读什么”的问题。44部作品分为人文社科、文学、自然科学和艺术等几种类别，学生阅读这些作品，有助于加强中华优秀传统文化、革命文化和社会主义先进文化教育，提升科学素养，开阔国际视野，进一步增强语文综合素质。

《丛书》着力于为学生“引读”，引导学生恰当地读书。

《丛书》一方面呈现完备的作品原著文本，目的是追求真实的完整的学生名著阅读过程。同时,《丛书》立足于教师指导下的学生自主阅读，在学生“读前”“读中”“读后”给予了一些必要的实时的阅读指导。

【走近名著】从背景或作品的精要精华入手介绍作品，目的是帮助学生初步了解作品,激发学生阅读兴趣。【阅读建议】包括“阅读规划建议”“阅读方法建议”“研讨交流建议”。“阅读规划建议”主要是就阅读内容和时间的安排为学生提供多种建议供学生选择。“阅读方法建议”依据作品体裁、内容实际就阅读方法进行具体指导，目的是引导学生完成充实的有效的自主阅读过程。“研讨交流建议”

一是提供若干阅读作品的研讨专题，供学生自主选择探究学习；二是给学生提供一些恰当的探究活动建议以及探究过程中应注意的问题，帮助学生形成并交流探究成果。【阅读分享】提供了“名师品读”“同学品读”方面的范例，并就“我的分享”在内容和方式方面提出相应的建议，目的是提示学生应该有分享，如何去分享。

需要特别指出的是，《丛书》在每部作品的部分章节设置有“引读”区域。“引读”区域一般是能体现作品结构特点的，与作品主要人物、主题关联密切的，最能体现作品写作特色、语言艺术的部分章节。一部作品选多少内容设置“引读”由作品实际确定。“引读”的内容，或提示本章节（回）在作品中的结构功能，或就作品的关键处作必要的解释、提示或点拨，或在作品的精彩处呈现精要赏析以激发学生的阅读体验；或就具体的语段、词句对学生提出自主旁批的要求……我们对经典作品心存敬畏，我们不是向学生阐释经典，不是把我们读出的结论呈现给学生，我们只是引导学生用自己的方式阅读经典，拥抱经典。

参加《丛书》研制的同志均是一线教研人员和学校教师。他们一方面扎进经典作品的文本世界，在一路的寻美探美历程中捡拾丰富的作品宝藏；另一方面又置身于学生的阅读过程，体察学生的阅读欢欣和困惑，尽力满足学生的经典阅读期待。他们致力于在经典作品与学生阅读之间铺路搭桥，希冀引导学生走上一条有效的愉悦的经典阅读学习之路。这套《丛书》就是这样的一座桥，就是这样的一条路。

尽管我们很努力，很审慎，书中自然还免不了出现错漏或不妥之处。若如是，敬请同志们、老师们、同学们批评指正！

《语文名著引读丛书》编委会

2020 年 5 月

目录
CONTENTS

名师引读

在灰蒙蒙的雾海里，长江、嘉陵江汇合处的山城重庆，在中华人民共和国成立前夕的1948年显得格外动荡。天色晦暗、江水呜咽、道路崎岖、狱中黑暗……意志坚定的共产主义革命者更加蓬勃有力、愈战愈勇，国民党反动派则进行着垂死的挣扎与疯狂的毁灭。

黎明前夕的重庆，“中美合作所”“渣滓洞”里的斗争与生活并没有让革命者失去斗志，作者集中描写了他们的英雄气概，成功地塑造了主要人物许云峰、江姐、成岗、刘思扬、华子岩等英雄形象，激励着无数后来者勇敢地战斗、英勇无畏地奉献。

同学们，这就是《红岩》，一部优秀而经典的红色革命长篇小说。请你捧起这部书，和作者一同回到最为壮怀激烈的中华人民共和国成立前夕，跟着勇敢坚定的革命者许云峰、江姐、成岗等英雄们重温革命先烈在山城重庆与狱中斗争的故事；走进革命岁月，去感受城市青年爱国学生、工厂工人、普通市民为中国的解放抛头颅、洒热血的悲壮力量；走进反动派的监狱与集中营，深入了解地下党组织的坚韧与顽强、乐观与无畏；走进书本之中，去了解革命后代“小

萝卜头”和“监狱之花”在血雨腥风中的故事……当然，随着阅读的深入，你也会了解到小说中反动派徐鹏飞的狡诈与残暴、叛徒甫志高的自私自利与阴险无耻。这本小说的每一个章节无不提醒着今天的我们，珍惜中国共产党领导人民开天辟地创造的幸福生活，珍惜革命先烈们付出巨大牺牲换来的美好和平，珍惜我们伟大祖国所拥有的繁荣与稳定。同学们，让我们沉下心来阅读这本书，你的心里会生发出对伟大革命者的无比敬仰与爱戴之情。

在这部小说里，同学们一定会将她的名字深深铭记心底——江姐。当读到江姐看见写着自己的战友、同志、丈夫彭松涛的布告与丈夫牺牲的情形时，她艰难地控制情绪，用无声的泪水怀念他——“‘我在干什么？’一种自责的情绪，突然涌上悲痛的心头。这是什么地方？什么时候？自己肩负着党委托的任务！不！我没有权利在这里流露内心的痛苦；更没有权利逗留。江姐咬紧嘴唇……她正全力控制着满怀悲愤，要把永世难忘的痛苦，深深地埋进心底。渐渐地，向前凝视的目光，终于代替了未曾涌流的泪水……”

当因叛徒甫志高出卖被捕之时，她又是那么镇定自若与正气凛然！她的上级许云峰在历经磨难与严刑拷打之后，面对特务头子徐鹏飞的虚张声势时，书中这样写道：“我从一个普通的工人，受尽旧社会的折磨、迫害，终于选择了革命的道路，变成使反动派害怕的人。回忆走过的路，我感到自豪。我已看见了无产阶级在中国的胜利，我感到满足。风卷残云般的革命浪潮，证明我个人的理想和全国人民的要求完全相同，我感到无穷的力量。人生自古谁无死？可是一个人的生命和无产阶级永葆青春的革命事业联系在一起，那是无上的光荣！这就是我此时此地的心情。”多么神色自若、自信从容的共产党员英雄气概！

《红岩》成功塑造了以许云峰、江姐等为代表的英雄共产党人形象，热情讴歌了共产党员坚定的信仰与不屈的意志。你一定会被他们大无畏的牺牲精神、坚如磐石的革命信念所震撼。

作者用川东地下党机关报《挺进报》作为故事发展的关键线索，把全书城市、农村、监狱的斗争场景联系到一起，展现了广阔的社会背景与伟大的斗争场面。作者语言朴实、笔调悲愤，字字句句读来如烙印在心里。

罗广斌（1924—1967），重庆忠县人，1948年参加中国共产党，同年被捕，囚禁在重庆“中美合作所”渣滓洞、白公馆集中营。中华人民共和国成立后，曾担任青年团重庆市委统战部部长、重庆市民主青年联盟副主席。

杨益言（1925—2017），四川武胜人。1948年8月被捕，囚禁在重庆“中美合作所”渣滓洞，重庆解放前夕被营救出狱。中华人民共和国成立后在重庆市委工作。1963年加入中国作家协会，1979年当选为中国作家协会四川分会副主席。

罗广斌、杨益言以在狱中的亲身经历为底本，创作了优秀长篇小说《红岩》，坚定了无数青年人的共产主义信念，这注定成为一种红色基因的精神传承——红岩精神。

让我们跟随作者，走进《红岩》，去了解那个伟大的时代，去感悟真正的共产党人与敌人斗争的英雄故事和壮阔画面吧。

一、阅读规划建议

一本经典革命小说应该有计划、有步骤地阅读，同学们可以形成阅读小组或者阅读读书会，根据自己或者小组的安排来进行阅读。也可以根据老师的建议与要求，将阅读课上的阅读与课外阅读相结合，进行更加扎实有效的阅读。下面的阅读建议仅供同学们参考：

◎建议一：用4周时间完成阅读过程（包括阅读文本和阅读交流两个环节）

《红岩》由三十个章节构成，阅读过程可以做如下具体安排：

第一周：阅读第一章到第八章

《第一章　余新江传达工作　许云峰建联络站》—《第八章 甫志高出卖同志　李敬原发展新人》

第二周：阅读第九章到第十五章

《第九章　许云峰宁死不屈　成岗怒写“自白书”》—《第十五章　江姐受严刑拷打　孙明霞悉心照料》

第三周：阅读第十六章到第二十三章

《第十六章　战友欢喜过大年　全国解放迎曙光》—《第二十三章　成岗思扬换牢房　思扬发现图书馆》

第四周：阅读第二十四章到第三十章

《第二十四章　华子良传递密信　李敬原安排营救》—《第三十章　反动派败绩尽显　革命者重获自由》

准备“研讨专题”内容，完成阅读交流过程。先分小组研讨交流，再在班级阅读分享会上完成研讨交流的展示性阅读交流。

◎建议二：每天完成阅读计划，至少一个章节；也可以一天读两个章节，根据自己的节奏来安排阅读量。争取用三周半的时间读完整本书。在阅读的过程中，遇到感人肺腑的情景可以多读几遍，增强阅读体会，做好批注。

◎建议三：阅读文本+研讨交流。

在小组合作阅读的氛围下，用三周半的时间完成阅读任务，同期准备阅读研讨专题，人人都要思考，人人都要落笔，人人都要批注，人人都要交流。只有提出自己的阅读思考，生成自己的阅读痕迹，才能完成有效的阅读交流。用时一个月完成整本书的阅读与交流。

二、阅读方法建议

我们阅读一本红色经典，有很多种方法可供选择与使用。就《红岩》来说，建议同学们尝试用以下方法来完成整本书的阅读过程：

（一）精读和跳读

《红岩》这本书，有许多内容值得精读。所谓精读，就是在阅读过程中要勤思、细看、精进，精读法也是我们经常运用的读书方法。

一是要对重点故事情节、重点人物、重要场景进行仔细地读、反复地读，并且边读边批注，在读书的过程中做笔记，尽量深层体会文中的描写与象征，读懂意味，强化印象，将自己的心放在特定的年代与环境中，身临其境地感受阅读带来的心灵震撼。

二是要对整本书有全面的把握与梳理，要学会捕捉阅读内容最重要的信息点、文本的感触点，通过重点阅读主要人物的神态、动作、语言、心理等语句发现文本的阅读价值。

三是在阅读的过程中要有沉浸式的体验，要能够前后关联、对比与联想，注意环境描写对人物的烘托，注意反派人物描写对革命英雄的衬托，让阅读的体验更加丰富真实。

四是做好精读笔记。推荐使用摘录式笔记、批注式笔记、心得式笔记、提问式笔记等几种做笔记的方法。

1. 摘录式读书笔记

学会一字不落地原原本本地摘抄原文。注明章节、页码等，便于后段学习时的引用与核实。可以将摘录分类，比如革命英雄斗争情境描写、语言描写、小说转场的过渡语言、心理活动描写等。

2. 批注式读书笔记

在阅读时，将书中你认为重要的地方、所遇到的不懂的名词或者特定称谓、体会最深刻的地方，用笔做记号或者写上旁批、尾批。及时记录自己的阅读感悟，对文本的伏笔、悬念进行记录，对环境描写的作用进行批注，也可以画上特定的符号或者标记线如波浪线、横线、括号等。

3. 心得式读书笔记

在阅读完一个章节之后，可以用便利贴或者夹页专门写上几句心得。把对英雄人物的感受、对故事情节的体会、对革命意志的崇敬、对胜利的渴望等读后感及时整理与记录下来。也可以在读完一部分后写下自己的“读书随记”或者写一篇完整的“读后感”。

4. 提问式读书笔记

在阅读文本的过程中，如果遇到一定的问题或者是不理解的地方，可以用提问的方式记录自己的笔记。这样的提问式读书笔记可以为后段的小组合作交流学习与阅读分享做一个前期准备。我思故我在，只有在不断提问中得到的阅读体会才是珍贵的阅读体验。说不定在后段的交流之中，也会有更多的同读者遇到和你一样的困惑与问题，大家一起解决与探究的过程，会带来更加有意义的阅读体验。

下面的精读示例供同学们在阅读《红岩》时借鉴：

精读示例一：

第十五章　片段批注示例

“又是江姐。”余新江的心像沉甸甸的铅块，朝无底深渊沉落。

…………

“你说不说？到底说不说？”

传来特务绝望的狂叫，混合着恐怖的狞笑。接着，渣滓洞又坠入死一般的沉寂中。

（见《红岩》p.267，中国青年出版社，2000 年 7 月第 3 版）

“又是”两个字说明，敌人提审江姐已经不是第一次了。入狱后江姐经受了许多次严刑拷打，但她的大无畏精神给了同志们力量。

“绝望”“恐怖”“死一般的沉寂”……这一段写出了反动派使尽手段之后依然得不到任何材料的绝望与疯狂，让我们体会到了在狱中受尽酷刑的江姐坚如磐石，意志如铁的精神。

听得清一个庄重无畏的声音在静寂中回答：

“上级的姓名、住址，我知道。下级的姓名、住址，我也知道……这些都是我们党的秘密，你们休想从我口里得到任何材料！”

江姐沉静、安宁的语音，使人想起了她刚被押进渣滓洞的那天，她在同志们面前微笑着，充满胜利信心的刚毅神情。……

（见《红岩》p.267）

江姐承受着敌人疯狂的折磨，她是风雨中的海燕，迎接着黎明前的黑暗。她坚强勇敢地保守着党的秘密，她用自己的意志与敌人战斗，庄严地激励着自己的战友。江姐，是真正的共产党员，是坚贞不屈的战士！

夜，在深沉的痛苦、担心与激动中，一刻一刻地挨过。星光黯淡了，已经是雄鸡报晓的时刻。

（见《红岩》p.268）

这段简短的文字有何作用？我们从“挨过”这个词体会到了战友们对江姐的无限的关切与敬佩。“雄鸡报晓”这四个字更是让我们读到了黎明前的希望……

“十指连心，考虑一下吧！说不说？”

没有回答。

…………

“说不说？”

没有回答。

“不说？拔出来！再钉！”

江姐没有声音了。人们感到连心的痛苦，像竹签钉在每一个人心上……

…………

已听不见徐鹏飞的咆哮。可是，也听不到江姐一丝丝呻吟。人们紧偎在签子门边，一动也不动……

（见《红岩》p.268—269）

“没有回答”“没有回答”“没有声音”“听不到江姐的一丝丝呻吟”，这要多么伟大的牺牲精神和多么坚强的革命意志！是什么铸就这英雄的沉默？江姐，你是如此忠贞不屈，又是如此从容镇定！

【尾批：上面这几段文字写了江姐因叛徒告密被捕后在狱中的情形。一次次被反动派提审与折磨，一次次受到严刑拷打，但共产党员坚定的信仰与不屈的意志让狱中的同志深受鼓舞。这一段读来字字句句都是血泪，江姐对革命同志的保护，对革命事业的忠诚，庄严地实践了自己的世界观和人生观，她是无产阶级革命者真善美的化身。】

精读示例二：

第二十四章　读书随记

第二十四章写到了“华子良传递密信 李敬原安排营救”。在这一章里，还重点描写了关在阴暗潮湿的地窖里的许云峰独自战斗的细节。

漆黑的地窖就像是一口密封了的“活棺材”，敌人不敢公布他的姓名，但顽强坚韧的许云峰适应了黑暗的地窖之后，就开始了长时间的思考，他坚信他可以挖开一条通往狱外世界的密道。他徒手挖开石条，一天又一天，石条上留下了他的手指所流淌出的斑斑血迹。为党保存力量，为同志开辟一条充满希望的越狱之道是他此刻为党工作的方向。他顽强的意志、他崇敬庄严的心情，他给战友们留下了生的希望，这就是真正的无产阶级战士，在任何艰难困苦面前，心里永远装着战友和同志，心里永远充满乐观和希望。

（选自《红岩》读书随记　作者 佚名）

精读示例三：

第二十章　提问式读书笔记（两则）

【原文】刘思扬接过来一张小纸条，是谁写来的？写着什么？他听见自己的心在跳。展开纸条，他看见几个用铅笔写的仿宋字：

来人可靠。

（见《红岩》p.377）

【我的问题】为什么传来消息的同志要用仿宋字书写？与后文有没有什么联系？

【原文】成岗写的是流利而工整的仿宋字。正像过去编印《挺进报》一样，他的字写得很熟练。……成岗虽然不完全理解一定用仿宋字和变色铅笔的理由，但是他执行了这个指示。

（见《红岩》p.379—380）

【我的问题】仿宋字仿佛是同志间的密码，写仿宋字的作用是什么呢？是谁在指示？狱中的地下党组织是怎样考虑的呢？

相信同学们通过一边读书一边提问的方法深入阅读，就会读懂更多，也一定会对共产党人在白色恐怖下的斗争智慧有一定的了解。一边读书一边提问还有一个益处，当我们在阅读中找到了自己的问题的答案时，读书所带来的成就感就会油然而生。

跳读也是一种阅读方法。跳读是以快速浏览的方式迅速阅读与主要人物、重要情节关联不大的内容。例如叛徒甫志高的心理变化与被捕。例如第十七章徐鹏飞参加记者会的情景。我们只需要知道成瑶化名成了另一名记者，却被徐鹏飞注意到了，他企图调查成瑶。而记者会上记者们所提出的问题则可以快速浏览。还有文中出现的玛丽记者与成瑶的纠缠、成瑶巧妙地回避被拍照、徐鹏飞指挥行动队长镇压学生请愿和工人运动等，上级党组织指挥程松林和成瑶改变斗争策略等，都可以跳读。

精读与跳读，因书而异，因人而异，因时而异。确定阅读重点、初步设计研讨交流的内容对阅读方法的选择也很重要。

（二）小组共读，分享学习成果

小组共读是一种很好的阅读学习方式。怎么分组呢？可以根据学习小组的固定组合来编组，也可以根据小说的线索（明线或者暗线，人物线或者地点线）来编组，还可以根据阅读的方向与兴趣来编组。

只有在小组或者团队里共同阅读一本书才能让同学们更加有效地阅读，互相通报阅读进度、互相交流阅读体会、互相讨论阅读发现，在这样自主合作的团队氛围里阅读，也是一种精神上的同行与远征。比如：同学们可以编成这样一些小组来共同读书与学习：山城地下党员故事情节组、狱中斗争关键情节组、主要英雄人物组、精彩细节讲述组、革命诗文朗诵组、阅读进度记录组等。在互相促进、合作探究的氛围中进行阅读，对每个同学都是一种真正的帮助。

阅读进度表（供参考）

小组：　　　　　　姓名：　　　　　　阅读的章节：

时间	进度	简要记录	小组收获与感悟
第一周			
第二周			
第三周			
第四周			
特殊记录			

（亲爱的同学们，你还可以根据阅读过程中的实际情况，在这个表格之外再设计写读书摘录与思考，也可以完成一些创意思维导图，还可以让阅读小组的组长来记录阅读的进度与收获、感悟，做一个真正读懂整本书的阅读者。）

（三）观看电影或者电视剧、歌剧、舞剧等视频资料

《红岩》是著名的红色经典，艺术家们对《红岩》原著进行加工，涌现出了不少电影、电视剧、歌剧、舞剧等优秀作品。

观看视频也是一种阅读。观看这些视频或者表演可以加深我们对小说的理解，帮助我们构建丰富的想象与深沉的革命乐观主义精神。建议同学们适当利用阅读课的时间，以班级为单位补充观看重点情节的电影、歌剧、文艺演出等，可以很好地丰富我们的阅读感受。比如歌剧《绣红旗》《红梅赞》等，就用艺术的手法再现了江姐在狱中和同志们歌颂共产党人顽强的精神意志、如红梅般高洁的情怀的情景。

“红岩上红梅开，千里冰霜脚下踩，三九严寒何所惧，一片丹心向阳开……红梅花儿开，朵朵放光彩，昂首怒放花万朵，香飘云天外……”歌剧里所展现的音乐与歌词也可以再现狱中斗争的情景和革命英雄的永恒光辉，让我们对英雄形象的阅读感受更加深刻、难忘。

推荐大家观看大型民族歌剧《江姐》视频，它所塑造的光辉英雄形象，它所表现的红岩精神、红梅品格，已经内化为中华民族精神的一部分，深入到千千万万的人民心中。

三、研讨交流建议

（一）研讨专题

读完了《红岩》这部小说，同学们一定沉浸在中华人民共和国成立前夕山城重庆革命英雄的悲壮斗争中。请同学们根据自己的阅读感悟与读书体会，选择自己感兴趣的专题（也可以另外设置研究专题），以小组为单位或者自己独立完成专题探究。

专题一：读懂革命英雄的气概

我们在《红岩》中读到了许多英雄人物，有稳重冷静的市委书记李敬原；有沉着应对、自信镇定的川北地下党领导者许云峰同志；有顽强不屈、顾全大局、无比忠贞的江姐；有年轻有为、聪明机警的年轻战士华为；有平易近人、乐观坚毅的《挺进报》编辑发行者成岗；有出身于资产阶级、投身革命的献身者刘思扬……请你选择一位人物概述他（她）的性格特点、典型事迹。

要求：

1. 在小组内把你所做的批注与思考分享给同学听，然后用自己的话来描述英雄的性格特点，讲一两件最能表现他们革命精神和斗争精神的典型事迹。

2. 在小组内轮流发言，说说自己最敬佩哪位革命英雄，用三个关键词来说说自己敬佩的理由。

专题二：揭露反动派的丑恶嘴脸

《红岩》之所以是优秀的红色经典巨著，除了因为它塑造了革命英雄群像，还在于它成功地塑造了真实的反面人物。作家通过刻画反面人物的心理活动来揭露他们的反动本质与残暴性情，其中有特务头子徐鹏飞、贪生怕死的叛徒甫志高、阴险狡诈的“猩猩”“猫头鹰”、奸狡的“红旗特务”老朱、头脑简单残暴自私的杨进兴等。请你模拟狱中的同志的口吻，选择其中的一个反面人物写一段话。

要求：

1. 想象反面人物就在你面前，此刻正在逼迫你交代川北地下党斗争活动的情报，而你的任务是不惜一切代价也要保守党的秘密。请你用一段话说说你保守党的秘密的决心和信心。

2. 尝试着说出你对其中一个反面人物或憎恨或愤怒的理由。

专题三：展现狱中的斗争智慧

这部小说在主要的三大线索之外，还讲述了一些感人的狱中斗争故事。

【原文】

朝阳照进铁窗，温暖着一间间的牢房。

楼七室的人们，完全沉浸在狂热的学习中。和其他牢房一样，他们是那样的专注，宁静得没有一点声音。

…………

刘思扬慢慢放下反复读了许多次的那篇新年献词。这篇文章，带来了多少胜利的信心和力量！1949年，人民解放军将要解放全中国，将要召开没有反动分子参加的政治协商会议，将要宣告中华人民共和国的成立！……

这篇新年献词，是地下党秘密送进渣滓洞的。女牢抄了许多份，分送给每间牢房学习。那娟秀流利的字迹，显然是孙明霞的……想到她，刘思扬心里便有一种幸福的共同战斗的感觉，并且回忆起一些早已忘怀的往事……

…………

丁长发伸手抹去他用黄泥巴粉笔在楼板上写的几个歪歪斜斜的大字："一定要把革命进行到底！"……

（见《红岩》p.327—328）

作者在讲述阴暗残酷的牢房里的革命者时，总是不能不写出自己的满怀敬意。这样感人至深的描写在小说中还有，请你试着找出一处充满了战斗力量和对胜利渴望的描写，有感情地朗读，读完后和小组的同学们交流自己的体会。

要求：

（1）将自己在批注式读书笔记中找到的感人段落圈出来，试着先自己读一读，再有感情地读给小组的同学或者全班的同学听。

（2）读完后，谈谈自己的体会，尝试着说说这一部分为什么感动了你。

（二）交流建议

◎确定了自己的研讨专题后，同学们可以根据交流研读的要求再一次浏览、跳读小说的相关内容，对专题“定位”“对应”的内容进行精读，小组长或者记录员做好阅读记录与交流记录。

◎根据自己所选择的专题加入研究组，小组成员采取轮流发言、循环发言、相互补充等方式，形成自己的文字研究成果。

◎用一节专门的阅读课进行研读交流展示。展示可以分为三个环节：小组中心发言人展示交流小组研究成果，评价组或者裁判组给予评价，老师或者观察员给予补充评价等。（也可以由同学们自主设计更适合的交流环节。）在补充评价环节，老师和同学们可以大胆提出建议，让每一个交流成果的同学都能明白自己的学习成果所拥有的价值和意义。

◎可以将小组内的读书随记与读后感收集起来，以小组为单位做成《红岩》读书随记手抄报，或者以班级为单位编辑成一本《红岩》读后感小集。

下面是一份阅读评价表，同学们据此可以大致判断自己在本次阅读过程中的表现。

阅读评价表

评价要素		分值	自评	互评	师评
阅读过程（60 分）	阅读的主动积极性	20 分			
	阅读的深入程度（阅读记录的丰富性）	20 分			
	阅读方法的运用	10 分			
	阅读中与师生的交流	10 分			
研讨交流（40 分）	专题探究准备充分	15 分			
	有成果有质量	10 分			
	各项交流展示积极	15 分			
总体评价					

（说明："自评""互评""师评"用分数表示，"总体评价"用"总分 + 评语"的方式来评估表示。）

一、名师品读

论红岩精神的现实意义

重庆交通大学人文学院　王戎

红岩精神是抗战时期和解放战争时期，以周恩来为代表的老一辈革命家团结国统区广大党员和革命志士，在斗争实践中形成的一种革命精神。红岩精神是对共产党人和革命志士为争取民族独立解放、为新中国诞生而英勇奋斗、无私奉献精神的历史概括。红岩精神同井冈山精神、长征精神、延安精神一样，都是中国共产党和中华民族的宝贵精神财富，是民族精神、时代精神和共产主义精神的有机统一。

一、红岩精神及其内涵

红岩精神形成于抗战时期，在解放战争时期得到进一步升华和发展。抗战爆发后，在周恩来的领导下，中共中央南方局（以下简称南方局）共产党人以《新华日报》报馆、八路军驻重庆办事处（红岩村）等公开机关为掩护，在极其险恶的斗争环境中，高举爱国主义旗帜，不顾个人安危，坚守革命阵地，为我党和人民留下了一笔巨大的精神财富，即在斗争实践中逐渐形成的以救亡图存的爱国主义精神、不畏艰险的奋斗精神、和衷共济的团结精神和勇于牺牲的奉献精神为主要内容的红岩精神。解放战争时期，被关押在渣滓洞、白公馆监狱里的革命志士，面对死亡的威胁、金钱美色的诱惑，大义凛然、毫不动摇；《囚歌》《我的“自白书”》以及“为免除下一代的苦难，愿把牢底坐穿”的誓言等，充分展示了革命者追求真理、视死如归的英雄气概和浩然正气。红岩精神在这一时期得到了进一步的升华和发展。红岩精神的内涵具体可概括为以下三个方面：

（一）红岩精神是一种救亡图存的爱国主义精神和和衷共济的团结精神

在中华民族面临生死存亡的危急关头，在国统区这一特殊的战场上，斗争环境极其险恶，以周恩来为代表的南方局共产党人不顾个人安危，冒着随时可能被捕、坐牢甚至牺牲生命的危险，坚决同一切反动势力作斗争。周恩来和南方局的共产党人以临危不惧的英雄气概、忘我无私的牺牲精神，向国统区人民和一切热爱和平自由的人士表明：只有中国共产党才是中华民族利益的忠实代表，中国共产党是最坚定的爱国主义者，是民族的救星和希望，是抗战力量的中流砥柱。抗日民族统一战线的空前巩固壮大，极大地推动了抗日战争的胜利和解放战争时期国统区爱国民主运动的发展，为中华人民共和国的建立奠定了政治基础。

（二）红岩精神是一种坚定的共产主义理想信念和奉献牺牲精神

崇高的共产主义理想信念是共产党人的精神支柱，是不怕牺牲英勇奋斗的力量源泉。周恩来经常激励大家：黑暗是暂时的，只要坚定信念，不畏艰险勇敢战斗，光明一定会到来！歌乐山的革命志士在狱中极其艰难恶劣的条件下，仍以顽强的毅力坚持学习马列主义和科学文化知识。他们以竹签当笔，以烧焦了的烂棉絮作墨汁，为了抗战的胜利和建设中华人民共和国而努力学习。正因为有崇高的理想、坚定的信念，南方局的共产党人和革命志士才能够把为理想献身作为人生的最高追求。“失败膏黄土，成功济苍生”“愿以我血献后土，换得神州永太平”等一些红岩英烈不朽的诗篇，正是他们对党无限忠诚、对革命理想执着追求、无私奉献、勇于牺牲的真实写照。

（三）红岩精神是一种艰苦奋斗、清正廉洁的崇高品质

战争年代物质匮乏，红岩村的生活条件非常清苦。周恩来经常教导大家：要艰苦奋斗，不忘延安，要把南泥湾精神带到红岩村，让南泥湾的艰苦奋斗精神在红岩村发扬光大。周恩来以自己的模范行为、高尚人格树起了艰苦奋斗、清正廉洁的旗帜，产生了巨大的感召力。南方局的共产党人和革命志士甘于清贫、乐于奉献、勤奋学习、忘我工作，充满了革命乐观主义精神。面对敌人的威逼利诱，

他们做到了贫贱不移、富贵不淫、威武不屈，表现了共产党人的崇高品质、浩然正气。

红岩精神的内涵极为丰富，其包含救亡图存的爱国主义精神、坚忍顽强的奋斗精神、顾全大局的团结精神、坚持原则的坚定精神、勤奋努力的学习精神、克己俭朴的廉洁精神、平等协商的民主精神、追求真理的奉献精神等。“出污泥而不染，同流而不合污”是红岩精神最显著的特点；富贵不能淫、贫贱不能移、威武不能屈是红岩精神最主要的内容；“在烈火中永生”是红岩精神最突出的本质。红岩精神是革命先辈对共产主义理想信念执着追求的高度概括，是他们为国家、为民族无私奉献的真实写照，也是当前我国改革开放、现代化建设事业过程中不可缺少的精神支柱。

二、红岩精神的现实意义

红岩精神曾鼓舞了一代人为争取民族独立解放而战斗，今天也是鼓舞我们进行现代化建设、不断开拓前进的强大动力。

（一）为现代化建设提供强大的精神动力

红岩精神的精髓是爱国、奋斗、团结、奉献。当前，进行社会主义现代化建设、实现中华民族的伟大复兴成为我们的历史使命。中国的现代化建设是一项前无古人的伟大事业，需要全体中华儿女以昂扬向上的精神状态万众一心、励精图治、共同奋斗。革命先辈用生命诠释的忠于理想、捍卫真理、无私奉献、勇于牺牲的崇高品质和不畏艰险、敢于斗争的英雄气概以及实事求是、一切从实际出发的科学态度仍然是我们战胜困难、不断前进的强大精神动力。我们应当像革命前辈当年英勇无畏地投身民主革命那样，全身心地投入到现代化建设事业中，这也是爱国主义在当代最集中的体现。

（二）为坚定理想信念、培养合格人才提供精神支柱

理想信念是一个国家和民族的精神支柱和力量源泉。半个多世纪前，革命先辈们坚定的共产主义理想信念和“愿以我血献后土，换得神州永太平”的牺牲精神，对党无限忠诚的赤诚之心，对人民事业高度的责任感，坚定勇敢、艰苦朴素、淡泊名利、无私奉献的崇高品质和英雄气概，只要一息尚存就要顽强学习的进取精神和浩然正气，对当代青年仍具有巨大的感召力和教育意义。红岩精神是当代人们价值取向的参照系，其对人们思想的升华、灵魂的净化有着极大的激励作用。红岩精神能引导当代青年树立自强不息、积极向上的人生态度，树立正确的社会主义荣辱观，自觉把个人前途同国家民族的命运相结合，把自己培养成为合格的建设人才。

（三）为执政党党风廉政建设提供生动教材

当年白公馆、渣滓洞监狱的地下党组织在总结斗争经验教训的基础上提出了“狱中八条意见”，即：防止领导成员腐化；加强党内教育和实际斗争的锻炼；不要理想主义，对上级也不要迷信；注意路线问题，不要从右跳到“左”；切勿轻视敌人；重视党员特别是领导干部的经济、恋爱和生活作风问题；严格进行整党整风；惩

办叛徒特务。这八条意见是革命先烈长期斗争的经验总结，在今天对我党的党风廉政建设仍具有警示作用。必须加强对党员的理想信念教育，从思想上自觉抵制各种腐朽思想的侵蚀，要牢记为人民服务的宗旨，始终保持与人民群众的血肉联系，始终保持共产党人的先进性。

（四）为社会主义民主政治建设提供有力武器

周恩来多次强调，要发扬民主，开展批评与自我批评，“领导群众的基本方法是说服,决不是命令”。在抗日战争和解放战争时期，红岩精神巩固壮大了抗日民族统一战线和人民民主统一战线，奠定了中国共产党领导下多党合作、政治协商制度的基础，极大地推动了抗日战争和解放战争的胜利发展。今天我们建设社会主义民主政治仍然需要发扬红岩精神，弘扬平等协商的民主精神，推进社会主义民主政治建设，巩固发展新时期统一战线，团结海内外一切可以团结的力量，为实现中华民族的伟大复兴而努力奋斗。

（五）弘扬红岩精神是建设先进文化的重要内容之一

中国共产党要始终代表先进文化的前进方向，红岩精神是中国共产党人结合当时的斗争形势创造的一种富有特色的先进文化，爱国、团结、奋斗、奉献是其基本内涵。红岩精神高扬的是理想信念的旗帜，其内涵与社会主义先进文化在本质上是一致的。弘扬红岩精神，既是继承革命传统的需要，更是建设先进文化的重要内容。当前，我国正处于构建社会主义和谐社会、实现民族伟大复兴的时代。伟大的时代，需要伟大的精神。红岩精神是民族精神、时代精神和共产主义精神的结晶，是我党前进的不竭动力之一，在今天仍具有感召力和现实意义。

红岩精神是中国共产党和中华民族的宝贵精神财富，是我国先进文化的重要组成部分。弘扬红岩精神，对于加强爱国主义教育和革命传统教育、加强执政党建设、促进社会主义现代化建设和民主政治建设、发展先进文化、树立社会主义荣辱观等都具有重要的现实意义。

（选自《广西社会科学》2006 年第 12 期，有删改）

《红岩》的当代意义

刘丽娟

新时期以来，由于社会生活和时代风尚的巨大变迁，过去时代产生的革命历史题材小说虽然具有珍贵的文学史价值，但与当代读者已经出现一定程度的隔膜。然而这其中以 20 世纪 40 年代末发生在中美合作所的狱中斗争为题材的，曾经鼓舞了一代人革命豪情的“红色经典”之一《红岩》，笔者认为，即使在今天仍然有很大的现实意义。

首先，《红岩》是一部在史实基础上写成的史诗。忠实于历史，让后代记住革命烈士血与火的斗争并从中汲取精神养分，是《红岩》创作者从创作准备到创作过程中都具有的非常清醒的意识。小说作者罗广斌、杨益言都是中美合作所狱中斗争的亲历者与见证人。正是在亲身经历和丰富翔实的史料的基础上，他们完成了长篇小说《红岩》。

在这个基础上，《红岩》打造出了那个特殊时期、特殊环境下的一座巨大的英雄群雕。许云峰、江姐、华子良、成岗、刘思扬、双枪老太婆、小萝卜头、甫志高、徐鹏飞成了中国当代大众耳熟能详的典型人物，进入了中国当代文学的人物画廊。在甫志高、徐鹏飞这样的典型人物身上甚至出现了“典型的抽象取代”的文学现象。甫志高已经不只是一个具体的人物的符号，它成了“叛徒”“背叛者”的同义语，而徐鹏飞则是“特务”的别称。

优秀的文学作品是不能离开文学典型而存在的。江姐是作家着力甚多的文学形象，从她对华为与成瑶的爱情的关心，从她对甫志高的批评，从她看到悬挂在城楼上的丈夫的头颅时的心理反应，从她入狱后在狱中依然保持的爱整洁的习惯以及她就义前的从容不迫，作家从不同境况、不同视角成功地打造出一个高大而又具有亲和力的女革命家形象。江姐是政治上成熟的共产党员。她稳重精细安详深沉坚强，处处表现出纯洁的党性和对革命事业的无比忠贞。如她第一次出现在成岗家里，就表现出地下工作者机敏干练的特有风度。在去川北的路上，她看到挂在城头的丈夫的头颅，顿时热泪盈眶，禁不住要痛哭出声。但她一想到当时的处境和新的战斗任务，很快就控制了悲痛的感情，仍旧镇定自若地去与双枪老太婆会面。在就义前，她平静地与战友们一一告别，亲吻“监狱之花”，梳理好头发，换上整洁的蓝旗袍，平整好衣服的皱痕，而后从容走向刑场。作者细腻地写出了作为妻子的江姐所具有的丰富感情，写出了她作为一名共产党员的坚强党性。这一人物是无产阶级真善美的化身。

在打造典型形象时，作家把更多的注意力放在展现作为共产党人的共性上，红岩精神就是《红岩》所着意刻画的共性。作家将对红岩精神的刻画置于一个又一个的故事中，让共产党人自己展现自己的浩然正气和高风亮节。有的生活原型具有很强的传奇性，作家进一步通过强化传奇性来成功地给典型人物注入鲜活的生命。双枪老太婆、华子良的传奇故事是十分动人心弦的篇章，而共产党人的共性正是这些传奇故事的精髓。共产党人在狱中的特殊战斗，英雄们在黎明即将到来时的悲壮献身，给今天的人们传达了丰富的精神信息，留下了强大的精神动力。

其次，《红岩》通过一系列生动鲜明的人物形象，表达了一种关于人性的光辉的启示录。与其说《红岩》是一部以历史叙事为目标的“小说”，不如说是一部关于人的信仰的启示录更为准确。《红岩》的难能可贵在于，作家在讲述特定时期的故事的时候，既注意作品的史诗性，又将审美视点投向英雄群雕的人性光辉。显然，失去历史规定性的人性并不存在，抽象的人性只是一种脱离实际的浪漫期待而已。

《红岩》人性美首先蕴涵在革命志士们为人的尊严、权利和自由而与反动派展开的斗争中。在与反面形象的强烈对照中，作家通过各种细微的描写去揭示共产党人的人性美，这是《红岩》能与当今读者交融的重要原因。《红岩》中革命者的崇高爱情与友情、善良与同情心令人难忘。小说对两个人物形象的塑造是别有深意的，这就是被关于白公馆集中营的“小萝卜头”和诞生在渣滓洞集中营的“监狱之花”。“小萝卜头”可爱而又可怜，他有多可爱，就有多可怜。他从小跟着母亲在女牢中长大，一直到四五岁还没有见过关在男牢中的父亲。长到八九岁时，个头却只有四五岁孩子那么高，成了一个大头细身子、面黄肌瘦的孩子，难友们都疼爱地叫他“小萝卜头”。在黑暗阴森的集中营中,天真纯洁的小萝卜头像一朵小花，一丝亮光，给人们带来欣慰。同时，小萝卜头的遭遇又使人们痛心和同情。禁锢世界里的革命者们本来自身就失去了自由，受到种种非人的折磨，因而他们对小萝卜头的喜爱、痛心和同情映射出的人性光辉就越加耀眼。人们对待父母都已牺牲的“监狱之花”，就像是对待自己的孩子，不，就像是对待党的未来、祖国的未来、民族的未来，他们对“监狱之花”呵护有加，任何时候他们总是将这婴儿挂在心上。江姐在就义前，还不忘轻轻地吻别这孩子。越狱时，人们也将“监狱之花”捧在怀中。那位“监狱之花”的未名父亲留下的遗诗阐释了革命者们对孩子们的爱:“为了免除下一代的苦难/我们愿——愿把这牢底坐穿!”这是世间最具人性的爱。

人性光辉把革命历史题材小说《红岩》与当代读者的心灵世界连接在一起。也正是这样的人性光辉，让这些革命者怀着几近浪漫的心情在监狱里作斗争。其实，革命与浪漫有着天然的精神联系。蒋光慈曾说过:“惟真正的罗曼蒂克才能捉得住革命的心灵，才能在革命中寻出美妙的诗意，才能在革命中看出有希望的将来。”

综上所述,《红岩》在今天重读，不仅可以学习其宏大的叙述，可以感受一批革命先辈高尚的情操，更可以启示我们去思考信仰对人生的意义。

（选自《中国商界》2009 年 03 期，有删改）

小说《红岩》主要人物形象塑造分析

宋艳艳

长篇小说《红岩》所写的是民主革命斗争接近尾声的壮烈一幕。它的历史背景是 1948 年至 1949 年解放战争的高潮时期，革命的大进军和反革命的垂死挣扎是这一时期的特点。小说以真实的人物和真实的事迹为依据，加以集中、提炼、典型化，进行艺术的再创作。小说以狱中斗争为主线，以地下党组织的活动和华蓥山根据地的武装斗争为两条副线，使这三条线索交织成一个整体，并在全国革命高潮的映衬下形成磅礴的气势。小说通过具体描写，深刻地揭示了这一主题思想，使时代精神得以鲜明地体现。为适应题材的特点，小说在人物形象的塑造上没有采取围绕一个人物的命运贯穿始终的手法，而是塑造了众多人物，特别是在对主要人物形象的塑造上，更是紧紧地围绕地下斗争、武装斗争，特别是在狱中斗争中结成的关系，刻画了他们为了共同的信念而显示出的不同的鲜明个性。

许云峰是小说着力刻画的主要人物之一。作为一个进行过长期地下斗争的领导，他从一出场，就显示出高度的政治敏感。他及时识破了敌人在沙坪书店布下的陷阱，当机立断撤销了这处联络站，转移了人员。当甫志高叛变后带领特务突然出现在茶园的时候，许云峰为了掩护市委书记李敬原脱险，挺身而出，充分表现了他顾全大局、独当危难、赴汤蹈火的英雄气概。狱中斗争突出地展示了他雷电、钢铁式的性格特点。第一次审讯，面对矜持骄横的徐鹏飞，他霹雳闪电式的还击使徐鹏飞手足无措，招招被动。许云峰把《挺进报》的领导责任和与成岗的上下级关系引向自己，引导敌人向错误的方向判断，保护组织，也保护着同志。在敌人精心安排的酒肉宴上，许云峰唇枪舌剑，淋漓尽致地揭穿了敌人的阴谋。毛人凤、徐鹏飞画虎不成，反倒陷入极度狼狈的状态，他们不仅没有从许云峰身上榨出油水，反倒为许云峰提供了讲台，最后他们连一张可供政治欺骗的照片也未搞到。许云峰是敌人特别重视的人物，但是在敌人面前他始终是一座不可逾越的高山。许云峰一方面在敌人面前是霹雳闪电，一攻到底，另一方面，不论是在渣滓洞的单独牢房里，还是在白公馆的不见天日的地牢里，他绝不采取超出整体斗争需要的个人行动，这更能体现一个领导者的品格。他以坚强的毅力用手指挖通地牢石壁，为全监狱的难友准备了越狱的通道，但他绝不自己使用。许云峰在地牢中最后一次与徐鹏飞交锋时的淡然，与敌人在失败情绪支配下无可奈何的悲鸣成为鲜明的对比。许云峰以完成重任的胜利者的姿态，对面前的特务朗声命令道:“走！前面带路！”这个钢铁、雷电式的性格闪烁出耀眼的光辉。

江姐，虽然同样是一出现就是一个成熟的地下工作者的形象，但她与许云峰有不同的鲜明的性格特点。她稳重精细，善于体贴、关怀别人；她意志坚强，能够承受一切危难和打击，具有高尚的共产主义者的情操。她第一次与成岗见面，就给人留下一个不仅是地下工作的一个精细的组织者，而且是一个为人稳重、对人体贴的老大姐的印象。“江姐”这个名字不仅包含了人们对她的尊敬，而且包含了她性格的特点。江姐的性格光辉，同样是通过严峻的考验显现出来的。她怀着满心高兴，来到川北与亲人相会，看见的竟然是被敌人挂在城楼上的亲人的头颅。在这意外的打击下，她忍住了最大的痛苦，紧张的环境和身负的重任提醒她没有权利在这里流露内心的悲痛。更为感人的是她抑制住奔腾的心潮，不露声色地与前来相迎的双枪老太婆相会的场面。她不愿用个人的悲痛影响即将开始的工作。双枪老太婆也理解老彭牺牲的消息对江姐的打击。小说通过双方忍着巨大的悲痛由互相掩饰到拥抱痛哭的动人心魄的描写，刻画了江姐深沉、富有内涵的思想性格。面对凶残的敌人，不论是酷刑还是残杀，她一如既往的稳重、安详。坚定的情操和丰富的情感，构成江姐形象的统一整体。

华子良，小说对这一人物形象的描绘用笔很少，却给人印象极深。作者先是不动声色地把他写成一个疯子。在白公馆这座森严的监狱里，这个“疯疯癫癫”的老头，头发雪白，胡须花白，一双滞涩的眼睛，糊里糊涂地沿着地坝，机械地，神经质地独自跑步。他没有说过一句话，不与任何人交往，对狱中发生的一切毫无反应，孤独地、沉默地活着。不仅敌人把他当作一个疯子，就是同狱中的人也把他当作一个疯子。成岗对他的疯不加怀疑，刘思扬对他简直鄙弃。他出现的次数很少，每次只用有限的几行描绘他的疯癫的、神经质的举动，而他每次出现都强调地给人以“老疯子”的印象。作者这种似乎无意中写下的“闲笔”，为后来突然的转折造成了强烈的艺术效果。在狱中斗争十分紧张，又与狱外失去了联系，急需把敌人毁灭山城的计划和越狱的行动计划送交狱外党组织，以取得内外配合的重要时刻，华子良突然出现在狱中特支秘密的集会地点，迎着齐晓轩惊疑的问话，他上前一步，恳切而清楚地说：“共产党员。”他以前的疯癫和神经质一扫而去，华子良如火山喷发，向自己的同志倾诉了他的来历：“十五年前，我是华蓥山根据地党委书记。省委书记罗世文同志，是我的上级。可是在敌人面前，我只是个嫌疑分子。在去刑场的路上，罗世文同志估计到敌人押我去，只是陪杀场，为的是再考察一下我到底是不是共产党员。因此，他指示我伪装疯癫，长期隐蔽，欺骗敌人。枪声一响，我就变成了疯子……省委书记给了我特殊任务，非到必要时刻，不准和任何人发生关系。”情节的突然转折，使面前这位多年来伪装疯癫的人，像一座山峰一样拔地而起。一个深谋远虑、卧薪尝胆、忍辱负重、长期坚持的共产党员的光辉形象，矗立在人们的面前。

《红岩》写出了众多人物形象的鲜明性格,这与作者从人物出发，对细节作精确的描写是分不开的。《红岩》对众多的人物，包括几个主要人物的描写，都只写了很少的情节，但是，却对情节作了精心的提炼和安排，所以能够使所写的人物成为完整的艺术形象。

《红岩》是当代文学中不可多得的一部成功的小说，它使我们看到了一代共产党人为中国人民的解放事业所作的可歌可泣的斗争，这部优秀的长篇小说，自20世纪60年代初刚刚问世，就在社会上引起了强烈的反响。当时在青年中读《红岩》、学英雄成为一个响亮的口号。如今，中华人民共和国已走过了60年的光辉历程，今天再重读这部红色经典，更使人备感它对当代青年的深邃广远的爱国主义教育的意义，更使人看到这些爱国先驱们的异常耀眼、夺目高大的形象。

（选自《文教资料》2009年12月号上旬刊，有删改）

二、同学乐读

他们心中有一面红旗

——《红岩》读后感

在所有的书中，《红岩》是最能够反映中华人民共和国成立之前斗争情况的书了。复杂而易懂的情节，更为这本不可多得的好书，增加了几分色彩。

故事是以革命老区重庆红岩村附近的地下党和叛徒、特务、国民党反动派作斗争的事迹为主线，来描述共产党是如何通过艰苦的革命斗争从而换来现在的幸福生活的。故事中的革命正面人物——江姐、许云峰、刘思扬、成岗等，都是意志坚定、勇敢而不鲁莽、为了革命不怕受苦受累的老实淳朴的人物；而反面人物特务徐鹏飞，叛徒甫志高、郑克昌之类，都是老奸巨猾、心术不正、狗仗人势的人物。看过这本书的人，没有人不被共产党员们在国民党反动派拷问下的坚定态度感动；看过这本书的人，没有人不被虽在监狱里却顽强为革命作斗争的伟大精神触动；看过这本书的人，没有人不被书中精彩的内容、曲折的故事大为震撼！

书中的人物个个都是个性鲜明。

江姐，一个坚强精明的女共产党员。敌人拷问下不退缩，痛苦折磨下不畏惧！她虽然对自己要求苛刻，但是对其他的共产党员却是百般关心百般照顾；她十分开朗，对未来的生活充满了信心。尽管她死了，但她的精神将永存！我相信，如果江姐看到了现在祖国人民的美好生活，也一定会露出她那张美丽、和蔼的笑脸！谁的意志能比得过她？谁能在诱惑与剧痛间选择正确的方向？

许云峰，一个沉着冷静的带头人。他没有在国民党灯红酒绿的诱惑下做叛徒，没有在徐鹏飞的甜言蜜语下交出共产党的机密。临死前，面对国民党的酷刑逼迫，他仍然没有丝毫畏惧，依然保持他的在所有共产党员前树立的高大的形象——沉着、冷静。共产党有这样一位领导人，无疑是一件幸运的事！

成岗，这是位誓死维护党的利益的印报员，也是一位意志坚强的共产党员。敌人把他抓进监狱前，他义无反顾地选择了保护党的秘密，没有逃生，而是销毁《挺进报》，挂好扫帚（这是让更多共产党员逃离的信号），多么大公无私！在国民党反动派的酷刑折磨下，他以超强的意志力控制自己，没有泄露出党的内部消息。他超强的意志力，正是来源于对党的忠诚、对党的热爱。他的精神值得我们学习，他的行为值得我们佩服！

楼一室的所有女共产党员，她们虽然是女共产党员，可是却丝毫不比男共产党员差！她们用女性独特的智慧，配合楼七室的共产党员，建立了渣滓洞的监狱党支部；她们想尽办法，与渣滓洞所有的共产党员互相联系，为所有监狱党员提供外界消息，为外界地下党提供监狱里的消息；她们听说1949年10月1日中华人民共和国在北京成立了，国旗是五星红旗，便根据自己的想象，用为数不多的红被面做成了一面与真正的五星红旗不同却同样美丽庄严的“五星红旗”。她们，不愧是女中豪杰！

我认为，红岩中最震撼人心的一句话，就是那《囚歌》中的前两句——“为人进出的门紧锁着，为狗爬出的门敞开着。”形容多么恰当，感情多么丰富！“一个声音高叫着：爬出来呵，给你自由！我渴望着自由，但也深知道，人的躯体哪能从狗的洞子爬出！”这句话，汇集了多少忠诚的共产党员的心里话，集结了多少意志刚强不肯在诱惑面前低头的监狱党员的真心话！“我只能期待着，那一天——地下的火冲腾，把这活棺材和我一齐烧掉，我应该在烈火和热血中得到永生！”这不正对应着书的结局么！每一个勇于冲出监狱的监狱党员都是勇士，他们被火焰燃烧的身躯，用血和生命唱出了革命最伟大的歌！

红岩，红岩！他们心中有一面红旗！

（选自“99作文网”，作者不详；题目是编者所加，有改动）

共产党员的意志是钢铁

——《红岩》读后感

带着敬意，带着钦佩，我提笔写下了这篇文章。她的意志，她的英勇，无不深深印在我的脑海中。她就是江姐——一位拥有钢铁般意志、英勇无畏精神的中共地下党员。

江姐，是稳重、成熟的中共地下党领导人。在去华蓥山的路上，她看到了高高悬挂在城楼上的丈夫的头颅。但为了不暴露身份，为了新的战斗任务，江姐强忍心中的悲痛，擦干眼泪，毅然离去。

心绪随着江姐的情感跌宕起伏，我不禁心潮腾涌。雨雾蒙蒙中，当江姐看到那颗血淋淋的人头、那张刺眼的布告、那双渴望胜利的眼睛，她不禁头晕目眩，热泪盈眶。我想，她一定不敢相信也不愿相信，自己多少年来朝夕相处、患难与共的丈夫，就这样永远离她而去。她怎能不悲痛欲绝！然而，我看到，坚强的江姐并没有被残酷的现实击垮，转瞬之间，她就抑制住了自己内心悲愤的情感，因为她知道，党托付给她的任务还没完成，她要把悲伤与仇恨深深埋在心底，“化悲痛为力量”，更加英勇地投入到新的战斗中去。

可是，江姐的工作并未一帆风顺。随着甫志高的叛变，她不幸被捕。在渣滓洞中，江姐受尽折磨，丧心病狂的敌人还把竹签钉进了她的手指。江姐毫不畏惧，傲然说道：“毒刑拷打是太小的考验！竹签子是竹做的，共产党员的意志是钢铁！”

多么刚劲的话语！多么铿锵有力的陈词！我不由得在心底默默赞叹着。但当看到江姐遭受酷刑时，我仍暗暗咬紧了嘴唇，那“十指连心”的疼痛仿佛也直锥我心。是啊，竹签深深撕裂血肉的刻骨钻心的疼痛，岂是常人可以忍受的！江姐一次次地昏死，又一次次地被泼醒，可我却从未听到过她的一声哀求，一次哭泣，一丝呻吟。到底是什么样的力量在支撑着江姐一步步走下去呢？我想，是一种革命必胜的信念，是一种勇于献身的精神，更是一种对国家、对人民的无私的爱！

然而，就在即将解放重庆的时候，国民党反动派狗急跳墙，开始杀害狱中的共产党人。江姐为保护战友，不暴露越狱计划，从容不迫地告别战友，挺身走向刑场。

泪水在热辣的脸庞上滑落，我的心颤抖了。耳边，似乎响起了隆隆的枪声和那庄严的口号。面对牺牲，江姐没有激动、恐惧与悲戚，而是从容地梳头、更衣，并鼓舞安慰战友——一定要为共产主义理想坚持到底。江姐在死亡面前所表现出的大义凛然与不屈的气节，令人荡气回肠。我想，这就是“视死如归”的真正含义吧。

血染红岩。是的，它让我懂得，正是有了革命先烈的抛头颅、洒热血，才有了我们今天的幸福生活。因此，我们一定要好好珍惜现在所拥有的一切，时刻不忘那些伟大的战士，努力学习，将来为建设祖国贡献出自己的一份力量。

我不得不说，拥有钢铁意志的江姐是英勇无畏的，是坚强伟大的，我深深敬佩着她。在以后的学习和生活中，我要以江姐为榜样，无论遇到怎样的困难、坎坷，都会勇敢顽强地去面对，去克服，去接受挑战。

（选自“99作文网”，作者不详；题目是编者所加，有改动）

让国旗骄傲地飘扬

——《红岩》读后感

《红岩》是一部用血与泪书写成的悲壮篇章。解放战争时期，在山城重庆，中国共产党领导下的地下工作者受到国民党特务机关的残酷镇压和迫害，但是他们不畏强敌，在监狱中与之进行不懈的斗争。1949年11月27日，重庆解放前夕，这里却奏响“国际悲歌歌一曲”，200多名戴着脚镣手铐的共产党员、革命志士、青年学生、军人甚至小孩（包括只有10岁的“小萝卜头”宋振中），遭到了国民党军统特务惨绝人寰的大屠杀，鲜血染红了歌乐山下的步云桥、渣滓洞、白公馆、松林坡、梅园。虽然他们大部分人都牺牲了，但他们的精神激励了剩下的革命同志坚持到了革命胜利……

《红岩》为我们塑造了一组革命英雄的群体形象。这些不同年龄、不同性别、不同经历、不同性格的共产党员和革命者，经过作者的精心刻画，都活灵活现地以各自的形貌出现在我们面前。江姐是作者着力刻画的一个主要人物，她对党忠贞，对敌斗争顽强不屈，在危急关头从容镇定，对革命同志血肉情深。在赴华蓥山途中，她看到城墙上悬挂着丈夫的头颅，虽然悲痛欲绝，但为了不暴露身份，仍旧镇定自若地去与双枪老太婆会面。在就义前，她平静地与战友们一一告别，亲吻“监狱之花”，梳理好头发，换上整洁的蓝旗袍，平整好衣服的皱痕，而后从容走向刑场。所有这一切，让人多么激动、崇敬、悲愤、感叹！

《红岩》里面都是一些真实的人和事情，而这些人和事情同一个年代、一个时代紧紧地结合在一起。“为免除下一代的苦难，我们愿把牢底坐穿”“毒刑拷打算得了什么？死亡也无法叫我开口”……在这些思想当中，所实践的都是具体的人，而这些人都不是当时一些家庭条件困难、吃不饱饭、穿不暖衣的人，他们都是一些青年知识分子，从小都有富裕的家庭生活和优越的生活条件。但是在自己的人生实践选择道路当中，他们投身于社会革命，为整个国家、民族和大多数人的利益进行实践。这崇高的选择促使我们去思考：人应该怎么去活着？人应该怎么去奋斗？人应该怎么去确定自己的价值取向？以及个人对国家对民族对社会，应该尽怎样的责任和义务？

《红岩》里的人物原型——歌乐山的烈士们，是一个奇特的英雄群体和文化群体，他们几乎人人会写诗。在那毛骨悚然的人间地狱里，他们拿起笔做刀枪，刺向黑暗的社会和凶残的敌人。“失败膏黄土，成功济苍生”“从来壮烈不贪生，许党为民万事轻”“愿以我血献后土，换得神州永太平”……那一首首铁窗下的心歌，无不表现了烈士们视死如归的革命乐观主义精神。

他们用自己的鲜血染红了我们的国旗，那我们该怎样让我们的国旗更加鲜艳？在我们享用现代文明的时候，能够忘记和平的生活源于血染的历史吗？能够忘记曾经发生过的战争吗？能够忘记曾为此付出了生命和鲜血的先烈们吗？能够忘记革命先烈抛头颅洒热血的庄严意义吗？不！不能！我们也没有资格忘记！先辈们用自己的生命换来了我们今天的和平和幸福，现在他们都已没入历史的长河中，那剩下的，就是我们的责任。我们要将先辈们的精神一直延续下去，让我们的国旗更加骄傲地飘扬！

（选自“99作文网”，作者不详；题目是编者所加，有改动）

三、我的分享

同学们，你的读后感受是什么？你的阅读成果有哪些？赶快来分享吧。

精华选读

第一章

抗战胜利纪功碑，隐没在灰蒙蒙的雾海里，长江、嘉陵江汇合处的山城，被浓云迷雾笼罩着。这个阴沉沉的早晨，把人们带进了动荡年代里的又一个年头。

（见《红岩》p.1，中国青年出版社，2000年7月第3版，以下所引片段皆出自该书）

开篇既交代了故事的时间、地点，又通过环境描写“灰蒙蒙”“浓云迷雾”“阴沉沉”渲染了紧张、压抑、恐怖的氛围。

……不知是哪一家别出心裁的商行带头，今年又出现了往年未曾有过的新花样：一条条用崭新的万元大钞接连成的长长彩带，居然代替了红绿彩绸，从雾气弥漫的一座座高楼顶上垂悬下来。……

（见《红岩》p.2）

我国因受国际金价及银价波动的影响，白银不断外流，银本位币制难以维持。国民党政府于1935年实行“法币改革”，规定中央、中国、交通三行（后加中国农民银行）所发行的钞票为“法币”，同时禁止银圆在市面上流通，并强制将白银收归国有。在抗日战争和解放战争期间，国民党政府采取通货膨胀政策，法币急剧贬值。

场景描写，侧面交代了国民党统治时期通货膨胀的情况，讽刺了国民党政府的无能，也侧面反映了民众生活的艰难。

……轿车上插着星条旗，涂有显眼的中国字："美国新闻处"。这些轿车，由全副武装的军警用警备车开路，……这时，他忽然发现，最后一辆汽车高翘着的屁股上，被贴上了一张大字标语："美国佬滚出中国去！"

（见《红岩》p.3）

大字标语“美国佬滚出中国去！”与车上涂的“美国新闻处”“全副武装的军警用警备车开路”形成鲜明的对比。体现了反动政府对“盟邦”的阿谀奉承和对民生治理的不作为，为后面的情节做铺垫。

他沉着地转过几条街，确信身后没有盯梢的“尾巴”，便向大川银行5号宿舍径直走去。……看得出来，这是个在复杂环境里生活惯了的人。

（见《红岩》p.3）

刻画出余新江是一个经验丰富、小心谨慎的地下工作者。我们是不是在一些谍战片中看过这样的画面啊？

余新江浓黑的双眉抖动着，忍不住霍然站起来，大声对甫志高说："什么失火？是特务放火！我亲眼看见的。"

（见《红岩》p.5）

通过语言、动作、神态描写刻画出余新江得知国民党的谎言后情绪激动和愤怒的样子。从侧面体现了国民党的无耻。

"第二处？"甫志高一愣。"那是军统特务组织啊！"

（见《红岩》p.5）

国民党统治时期有两个特务组织，分别是军统和中统。

军统是国民政府军事委员会调查统计局的简称。1938 年成立，1946 年 6 月，军统局的公开武装特务部分划归国防部二厅，秘密核心部分改组为国防保密局。

中统，是中国国民党中央执行委员会调查统计局的简称。前身是 1928 年时成立的国民党中央组织部调查科。1935 年升格为国民党中央组织委员会党务调查处。

他望着余新江的浓眉和双眼，劝说道："小余，你太疲倦了，休息一会儿，吃了饭再走。"……

…………

余新江没有留意对方的关切。他不太爱讲话，而且有一股除了工作，什么也不注意的劲头，只要有事，便连吃饭也忘记了。……

（见《红岩》p.6—7）

通过甫志高的语言和余新江的反应烘托出余新江为了全国劳苦大众废寝忘食的工作态度。

当他听到余新江说，老许原来考虑的也是开个书店时，他会心地微笑着，情绪更加兴奋了。余新江又说老许关照过，书店宜小，开成灰色的，不要卖进步书籍……

（见《红岩》p.7—8）

对书店的定位为下文老许发现书店的危险埋下伏笔，推动故事情节的发展。

……陈松林分外兴奋地沿途观看，又看见一张醒目的通知：

…………

旁边还有一张刚贴上的：

…………

（见《红岩》p.10）

通过两则通知反映出当时反对内战的民众和国民政府间的矛盾之激烈。

“成瑶？”陈松林吃了一惊。……但是在他的印象中，她只是个聪明活泼的小姑娘，很少提高嗓子讲话，现在，她竟然当了学生代表，能在大庭广众之中这样勇敢地申述同学们的要求。

（见《红岩》p.11—12）

用陈松林印象中的成瑶和眼前的成瑶做对比，烘托出黑暗的社会对小姑娘的影响。

大学生们被激怒了。顿时，像爆发的火山，狂烈地燃烧起来：

（见《红岩》p.12）

运用比喻的修辞手法，生动形象地写出了大学生被激怒的程度。

第二章

他一进店，就注意到，在一个书架旁边，果然有个头发长长、脸色苍白的青年，正在聚精会神地读着一本厚书。看来他已经站了很久了，瘦削的脸在灯光下更显得阴郁晦黯。……

（见《红岩》p.16）

这个人是谁，在小说中扮演什么样的角色呢？

最近一些时候，甫志高对长期宁静的生活，渐渐地不能满足了。作为地下工作者，他渴望着参加更多的斗争。当然，这和年轻时那种热情冲动是完全不同了。……

（见《红岩》p.18）

不满足宁静的生活，写出了甫志高的心理历程，为下文叛变埋下伏笔。

第三章

牛角沱码头上挤满了等候过江的人。……趸船上站着两个戴黑眼镜的人，嘴角上叼着烟卷，在那里指手画脚。……前面那个老太婆迈着小脚，一步一步地踏着动荡的跳板，不住摇晃。成瑶立刻机灵地上前去扶住了她。

（见《红岩》p.28）

说明反动派搜查很严，重庆革命斗争形势很艰难，也反映出成瑶的聪明机智。

成岗猛然回头，看着妹妹，妹妹端正的鼻梁上面，一双秀目，认真地看着他，等待回答。……

……可是看到哥哥一直没有回答她的话，少女明澈的眼光很快就变得暗涩了。她的心情忧郁不安，茫然地自语着：

“你一定又说我年轻不懂事，不让我去……”

（见《红岩》p.30—31）

成岗为什么会激动呢？是因为妹妹长大成人了还是因为她思想进步成熟了？

语言、神态描写刻画出成瑶想到哥哥不会同意自己想法时的变化，表现了成瑶对革命斗争的向往。

“我正要告诉你咧！”妹妹又兴奋起来，“学校已经被迫开除了那个姓魏的，……”

…………

……不过魏吉伯还是没有交出来，他们说是：‘本部查无此人，一有下落，当即函告’……”

（见《红岩》p.31）

通过兄妹两人的对话反映国民党政府敢做不敢当，只会在背地里做一些见不得人的勾当。

……她难过，失望，突然从成岗手里夺回《挺进报》，几下子撕得粉碎，一把一把的纸片，塞进书包，拧转身，飞快地跑出阳台。

（见《红岩》p.33）

夺、撕、塞、转、跑，几个连贯动词，把成瑶难过，失望后撕掉《挺进报》跑掉的过程生动具体地描写了出来。

有个同事笑嘻嘻地劝解着：“人生一世，逢场作戏而已，何必认真嘛。”

…………

两年的时间，就在这发霉的环境里过去了。可是成岗并不感到寂寞，……经常在一起阅读《新华日报》，讨论时事，参加各种进步活动。

（见《红岩》p.34—35）

把成岗和同事做对比，突出了成岗的洁身自好，表现成岗对他们的鄙弃。

一天，总厂办公厅突然通知成岗，要他到长江兵工总厂附属的修配厂去做管理员。……办公厅对付不了，感到头疼，才把年轻的成岗，勉强塞去收拾这个烂摊子。

（见《红岩》p.36）

利用插叙的方式，通过成岗的汇报交代了他一个生活在社会底层的人成为厂长的原因，让故事情节更完整。

成岗回转身来，迎着逼上前来的愤怒不语的人群。一个结实的年轻工人，敞开衣襟，双手叉在腰间，突然大声质问：

“你是管理员？我问你，工厂到底还办不办？”

…………

“救救我的孩子吧，支点钱去捡付药……”

（见《红岩》p.37—38）

通过成岗和工人的对话交代了当时社会底层人生活的艰难，从而体现国民党政府的腐朽，社会的黑暗。

……办公厅主任听了成岗的报告后，冷淡而狡猾地回答：经费不能开支，能干就干，叫成岗自己去想办法；要是出了毛病，办公厅不负任何责任。……

（见《红岩》p.40）

“冷淡而狡猾”形象地表达出办公厅主任答应复工的原因不是同情工厂的遭遇，而是只想谋取自己的利益，反映出反动政府的腐败。

第四章

江姐接过钥匙，又看见甫志高摸出手巾擦拭着额角。江姐这才似乎无心地问："你为什么不找个力夫？"

…………

……她用目光指点着过往的旅客，"你看，哪有穿西服的人自己掮行李的？"

（见《红岩》p.57—58）

说明甫志高是个形式主义者，做事缺乏思考，为后面的故事情节做铺垫。

……江姐从容地从床上斜起身子，顺手拿起刚才向对面的旅客借来的一张《中央日报》，不在意地浏览着。

"小姐，请问你去哪里？"

江姐把报纸慢慢放下，扫了警察一眼，冷淡地回答了两个字："回家！"

（见《红岩》p.61）

"从容""扫了警察一眼，冷淡地回答了两个字"体现了江姐的镇静、机智和地下斗争经验的丰富。

是眼神晕眩？还是自己过于激动？布告上怎么会出现他的名字？她觉得眼前金星飞溅，布告也在浮动。……

（见《红岩》p.68）

三个连续问句写出江姐看见老彭名字后不敢相信也不想相信的复杂心理。

“我在干什么？”一种自责的情绪，突然涌上悲痛的心头。……江姐咬紧嘴唇，向旁边流动的人群扫了一眼，勉强整理了一下淋湿的头巾，低声地，但却非常有力地对华为说：

“走吧，不进城了。”

（见《红岩》p.69）

通过心理、动作、语言描写，写出了江姐尽管伤心欲绝，但考虑到自己的责任仍能迅速调整好情绪，做出最合理的安排，体现了江姐革命意志的坚定。

第九章

一句话提醒了成岗，他精神一振，竟忘却了周身的创痛，滴着鲜血，拖着脚上的铁镣，一步步迎着敌人的逼视，走向准备好纸笔的桌前。……

（见《红岩》p.165）

写出了成岗面对敌人的威逼利诱毫不动摇的坚定态度，表现了作为革命战士的他不畏生死，为了共产主义事业奋斗到底的革命精神。

第十章

……果然，从休息室门外的屏风旁边，出现了一个戎装佩剑的人。许云峰打量了一下新的对手：过分的自负和矫揉造作，使他的胸脯挺得和矮胖的身材很不相称；……矮胖身材未免显得太不出众了。

（见《红岩》p.187—188）

外貌描写，写出了毛人凤猥琐的样子，同时用他虚张声势的外表衬托出他内心的不自信，为下文做铺垫。

"共产党我见过很多。"毛人凤站着不动，挺胸透出一种凌厉的语气：……

毛人凤再把身体一提，头昂得更高。……

毛人凤双手一背，像挑战的公鸡，显示出他的无限骄横与权力。

（见《红岩》p.188）

"凌厉""身体一提，头昂得更高""双手一背"，写出了毛人凤的虚张声势，暗示国民党政府离末日已经不远。

"可是斯大林还活着。"许云峰突然打断毛人凤的话："斯大林继承了马克思列宁的事业……

…………

“毛泽东！”许云峰举起手来，指着突然后退一步的毛人凤大声说道：“正是毛泽东，他把马列主义的普遍真理和中国革命的具体实践相结合……”

（见《红岩》p.189）

运用动作、语言描写，写出了许云峰哪怕身陷囹圄也依然无所畏惧，体现出他对党的忠诚。

一阵矜持的笑容，居然出现在毛人凤脸上。……他自己也面对许云峰坐下，身体微向前倾，显出一种和蔼的姿态。“我们单独谈谈。”……

…………

许云峰把左腿架到右腿上，双手轻抱着膝，神色自若地坐着，他要看看这位特务头领如何开口。

“能把你请来，我们十分高兴。”毛人凤的语调完全变了，仿佛那些装模作样的东西，从未在他身上出现过似的。……

许云峰没有回答。……

（见《红岩》p.190）

毛人凤前后态度的变化和许云峰的态度形成对比，体现出许云峰是个意志坚定，遇事镇定自若的人。

第十一章

远处久旱不雨的山岗，像火烧过一样，露出土红色的岩层，荒山上枯黄的茅草，不住地在眼前晃动。迟钝、呆涩的目光，又回到近处，茫然地移向院坝四周。

（见《红岩》p.194）

“迟钝”“呆涩”“茫然”，写出了刘思扬初入渣滓洞的拘谨、不适应，使得其后文顽强抗争的英雄形象更丰满。

“……你大哥弃官为商，在重庆、上海开川药行，偌大的财产，算不算资产阶级？你的出身、思想和作风，难道不是共产党‘三查三整’的对象？……”

（见《红岩》p.196）

交代了刘思扬的家世，徐鹏飞的不理解更加凸显了刘思扬坚定的革命意志。

“在大学里，我学完了各种政治经济学说。最后，才从唯物主义哲学、‘资本论’和人类社会发展的规律中，找到了这个真理，……

（见《红岩》p.197）

说明刘思扬加入共产党是经过深思熟虑的。

……向敌人请求悔过自新？刘思扬咬着嘴唇，像要反驳，又像要鼓励自己，他在心里庄重地说道：“一定要经受得住任何考验，永不叛党！”

…………

……这时像要回答敌人的残暴和表达自己坚定的信念似的，刘思扬心底自然地浮现出一首他过去读过的高尔基有名的《囚徒之歌》，……

（见《红岩》p.199）

通过对刘思扬的动作、心理描写，刻画出他内心斗争的情况，体现了他革命意志的坚定。

……刘思扬清楚地看见孙明霞头发上扎着一个鲜红的发结，这时他像放下了一副重压在肩上的担子，心情立刻开朗了。……

（见《红岩》p.200）

文中多次写孙明霞“头发上扎着一个鲜红的发结”，与监狱艰苦的环境形成鲜明对比。这也是这个姑娘乐观革命精神的传递。

……刘思扬迟疑了好久，才从小罐里倒出一点水，回头看看满脸烧得通红的余新江，又犹豫地慢慢加上几滴。

…………

“他发高烧，才受刑下来，多给他喝口水，不要紧嘛！”

（见《红岩》p.201）

在极度口渴的情况下还要将水留给最需要的人，写出了共产党人舍己为人的高贵品质。

……在吕杰绝笔的旁边，是谁用指甲深深地刻画出一条条的痕印，这又表示着什么呢？……

…………

是谁写下了这样透彻的警句？刘思扬不禁问着自己。

一个声音高叫着：

——爬出来吧，给你自由！

…………

“这是谁写的诗？”

“我们军长！”一个洪亮的声音，应声答道：“叶挺将军！”

……他穿一身整洁的灰布军衣，不管天多热，领口的风纪扣，总是紧扣在脖子上。……头上端正地戴着一顶军帽。

（见《红岩》p.202—204）

这个问句起到设置悬念，引起读者的阅读兴趣的作用。那么这一条条痕迹到底表示了什么呢？

“爬出来吧，给你自由！”把法西斯的骄狂、阴险、狰狞的嘴脸活脱脱地勾画了出来。

洪亮的声音说明他对“叶挺将军”的崇敬。对龙光华的外貌描写侧面反映出新四军治军严谨，作风过硬。

……此刻他还不知道，狱里的缺水，完全是敌人有意制造的。因此，在极度干渴之下的吃饭，竟成了一种战斗，一种不屈服于迫害的战斗。顽强的斗争意志和不屈的决心，鼓舞着人们听从老大哥的劝告。……

（见《红岩》p.208）

国民党想通过吃喝两方面来打垮大家的意志，通过将国民党反动派的卑鄙和共产党人的坚强做对比，凸显出共产党的伟大。

……刘思扬明白了，他刻画的那一条条痕印，正是无数次秘密屠杀的铁证。这时透过雷声传来几声枪响，接着便是一阵令人心悸的狼犬的嚎叫。

（见《红岩》p.210）

揭示了前文“在吕杰绝笔的旁边，是谁用指甲深深地刻画出一条条的痕印，这又表示着什么呢”这一悬念。暗示已经有无数顽强的革命战士惨遭杀害。

第十三章

……他的脸稍稍朝向狱灯，在昏黄的灯光下，脸颊深深陷落下去，呈现出骷髅一般黯淡的惨白。

…………

“弟兄们……进川……解放……全中国……”

（见《红岩》p.228—229）

“脸颊深深陷落”“骷髅”“惨白”写出了龙光华伤势严重。他重伤弥留之际念念不忘的仍然是解放全中国，不禁让人肃然起敬。

狱灯闪动了一下，龙光华一动也不动地紧抓住牢门，他的头向上昂着，一只手伸向前方，像要抓住他渴望的武器……

（见《红岩》p.231）

“抓”“昂”“伸”这几个动词刻画了龙光华牺牲前渴望战斗，无私奉献的革命战士形象。

第十五章

"又是江姐。"余新江的心像沉甸甸的铅块，朝无底深渊沉落。

…………

"你说不说？到底说不说？"

传来特务绝望的狂叫，混合着恐怖的狞笑。接着，渣滓洞又坠入死一般的沉寂中。

（见《红岩》p.267）

"又是"两个字说明，敌人提审江姐已经不是第一次了。入狱后江姐经受了许多次严刑拷打，但她的大无畏精神给了同志们力量。

"绝望""恐怖""死一般的沉寂"……这一段写出了反动派使尽手段之后依然得不到任何材料的绝望与疯狂，让我们体会到了在狱中受尽酷刑的江姐坚如磐石，意志如铁的精神。

听得清一个庄重无畏的声音在静寂中回答：

"上级的姓名、住址，我知道。下级的姓名、住址，我也知道……这些都是我们党的秘密，你们休想从我口里得到任何材料！"

江姐沉静、安宁的语音，使人想起了她刚被押进渣滓洞的那天，她在同志们面前微笑着，充满胜利信心的刚毅神情。……

（见《红岩》p.267）

江姐承受着敌人疯狂的折磨，她是风雨中的海燕，迎接着黎明前的黑暗。她坚强勇敢地保守着党的秘密，她用自己的意志与敌人战斗，庄严地激励着自己的战友。江姐，是真正的共产党员，是坚贞不屈的革命战士！

夜，在深沉的痛苦、担心与激动中，一刻一刻地挨过。星光黯淡了，已经是雄鸡报晓的时刻。

（见《红岩》p.268）

这段简短的文字有何作用？我们从“挨过”这个词体会到了战友们对江姐无限的关切与敬佩。“雄鸡报晓”这四个字更是让我们读到了黎明前的希望……

“十指连心，考虑一下吧！说不说？”

没有回答。

…………

“说不说？”

没有回答。

“不说？拔出来！再钉！”

江姐没有声音了。人们感到连心的痛苦，像竹签钉在每一个人心上……

…………

已听不见徐鹏飞的咆哮。可是，也听不到江姐一丝丝呻吟。人们紧偎在签子门边，一动也不动……

（见《红岩》p.268—269）

“没有回答”“没有回答”“没有声音”“听不到江姐的一丝丝呻吟”，这要多么伟大的牺牲精神和多么刚强的革命意志！是什么铸就这英雄的沉默？江姐，你是如此忠贞不屈，又是如此从容镇定！

【尾批：上面这几段文字写了江姐因叛徒告密被捕后在狱中的情形。一次次被反动派提审与折磨，一次次受到严刑拷打，但共产党员坚定的信仰与不屈的意志让狱中的同志深受鼓舞。这一段读来字字句句都是血泪，江姐对革命同志的保护，对革命事业的忠诚，庄严地实践了自己的世界观和人生观，她是无产阶级革命者真善美的化身。】

第十六章

……上面用红药水画上鲜红的五角星，或者镰刀锤子，写上几句互相鼓励的话。楼七室经过昼夜赶工，刻出了一百多颗红的、黄的、晶亮的五角星，……

（见《红岩》p.287）

同志们准备的新年礼物竟然是五角星、镰刀锤子，体现了大家坚定的革命信仰和乐观的革命精神。

楼一室的对联更写得妙：

歌乐山下悟道

渣滓洞中参禅

横额是：“极乐世界”。

大家心里明白：这里悟的是革命之道，参的是马克思列宁主义之禅！“极乐世界”，正是写的人们掌握了革命真理的心境……

（见《红岩》p.287—288）

运用了对偶和双关的修辞手法，体现出了同志们顽强的革命意志和乐观的革命精神。

高墙上新增加一排机枪，算是特务对新年联欢活动的“祝贺”。可是，“猩猩”和“猫头鹰”，这时阴险地躲进了办公室，关上了门。

（见《红岩》p.289）

“新增加”说明了“猩猩”对共产党有忌惮，“祝贺”运用了反语，讽刺了国民党的虚伪。

第二十四章

……“十五年前，我是华蓥山根据地党委书记。……因此，他指示我伪装疯癫，长期隐蔽，欺骗敌人。枪声一响，我就变成了疯子。”

…………

“省委书记给了我特殊任务，非到必要时刻，不准和任何人发生关系。”

（见《红岩》p.472—473）

是什么样的力量让一个人能够装疯卖傻，隐藏如此之久呢？

在这使人绝望的，秘不可知的活棺材里，许云峰已经被“埋葬”了许多日月。可是，尽管与世隔绝，他的光辉的名字却从未被人遗忘……不敢公布他的姓名；不敢让他和任何人见面；……

（见《红岩》p.474）

这处环境描写，把“地窖”比作“棺材”，说明了地窖环境的恶劣。国民党不放心把老许和大家关在一起，侧面烘托出老许在大家心中的影响力之大。

……那副早已锈坏了的铁镣，有着明显的在石棱上磨损折断的痕迹。这里，曾经发生过人所不知的战斗。一种亲切的感觉，像阳光一样，照亮了这战斗的环境。

（见《红岩》p.475）

“亲切”“阳光”，无不体现许云峰的革命乐观精神。

许多日子过去了，他的手指早已磨破，滴着鲜血，但他没有停止过挖掘。……困难，但是困难不能使他停止这场特殊的战斗。

（见《红岩》p.476）

“手指早已磨破”，也“没有停止过挖掘”，写出了许云峰为革命事业无私奉献的精神。

此刻，什么都清楚了，许云峰心里从来没有过像现在这样的高兴。……他再也不感到孤独了。……

许云峰斜躺在腐朽发霉的稻草堆里，手里用半截铁箍不断地挖掘，心里却展现着明朗宽广的远景：为党保存力量，……

（见《红岩》p.477）

把内心活动用独白的方式体现出来，交代了当时重庆的局面，也体现出老许身陷囹圄依然想到党的事业、同志们的安全。这样可贵的品质是我们应该传承的。

第三十章

深夜，市郊的嘉陵新村B6号灯光通明，照射着忙乱不堪的人影。几十部电话机不停地响，紧张的声音在探问，斥责，疯狂地喊叫……

（见《红岩》p.573）

交代了时间，地点。场景描写渲染了紧张的氛围，吸引读者的阅读兴趣。

……远远近近，魔窟连声爆炸，烟火不断冲腾，在火光中，中美合作所魔窟正在脚下崩溃，毁灭……

…………

东方的地平线上，渐渐透出一派红光，闪烁在碧绿的嘉陵江上；湛蓝的天空，万里无云，绚丽的朝霞，放射出万道光芒。

（见《红岩》p.592）

文末的景色描写烘托出愉悦的氛围，暗示全中国得以解放。

附录：阅读提升

一、填空题

1.《红岩》的作者是______、______。他们都是重庆中美合作所集中营的幸存者，目睹了许多革命者为革命牺牲的壮烈场面，1957 年写出了革命回忆录____________。

2. 余新江第一次去见甫志高是__________让他去的。__________是中共重庆市委委员，为联络地下党员，他安排在沙磁区设立了备用联络站——______________。

3.《红岩》中出自豪门大户，在渣滓洞中经常作诗，在党组织的教育下，彻底地背叛了家庭，甘愿吃苦为人民大众谋幸福的中共党员是__________。

4. 她面对敌人的酷刑，平静地宣布：胜利是属于我们的。她虽是弱小的女子，却有着钢铁般的意志，誓死保卫党的秘密，她就是______________。

5. 被国民党反动派囚禁的共产党员和进步人士主要关在两个地方：一个是由军阀白驹的别墅改造而成的____________，另一个是由煤少渣多的小煤窑改造而成的__________。

6.《红岩》中特务头子毛人凤的心腹是____________。

7. 华为的母亲是一位传奇人物，令敌人闻风丧胆，恐慌不安，她也是被大家称为________的华蓥山游击队司令员。

8. 他在一声枪响后伪装疯癫，隐蔽 15 年，利用特务对他放弃戒备外出的机会，将狱中的情报送出去，最后越狱带领解放军前来营救狱中的同志，他是疯子——____________。

9. 书中有个从小就跟着父母住在监狱，发育不良的孩子，大家都叫他______________，他经常帮大家传递消息，他在狱中有一个老师是______，老师会叫他的大名________。

10. 江姐第一次与成岗见面是要他参加印刷宣传刊物________。

11. 华为和“双枪老太婆”在追赶营救江姐途中抓住了叛徒________和特务________。

12. 老许给监狱初生女婴取的名字叫____________。

13. 渣滓洞的特务看守长是______________。

14. 文中成岗兄妹二人在阳台远远望见的“中共办事处住过的地方”是____________。

15. 同志们越狱出来最后时刻，矗立在岩石上，用自己的身体吸引敌人全部毒弹袭击的人是________。

16. 许云峰是在__________被捕的。

17. 联络站的书店暴露了，__________留下字条，悄悄地转移了。

18. 小说开头__________的身份是重庆地下党沙磁区委委员，负责经济工作。

19.《红岩》后来被拍成了电影__________。

20. 甫志高叫陈松林送一些上海、香港出版的刊物给一个叫________的学生。

21. 他衰弱无力地静坐在太阳底下，衣衫破旧，手、脚几乎只剩下几根骨头，面容那样苍白消瘦，目光也是冷峻、凝滞的，眼眶深深地陷落下去。他一动也不动，就像一座石雕的塑像，比塑像只多一口微弱的呼吸。刘思扬惘然凝视着他，“他”是________。

22. ________借着修配厂厂长的身份作掩护从事革命工作。

23. 迎面走来一位姑娘，蓝旗袍，短大衣，头发剪齐耳根，圆圆的脸蛋上，笑盈盈地现出两个酒窝。她是________，他的恋人是________。

24. 孙明霞手里有一面珍藏的红旗，这面红旗是________留下来的。女牢的同志们也绣好了一面五星红旗，孙明霞双手捧起叠好的五星红旗，带着无限的喜悦，请________揭开这象征黎明和解放的战旗，宣布胜利的到临。

25.“他穿一身整洁的灰布军衣，不管天气多热，领口的风纪扣，总是紧扣在脖子上，他不像其他的人，只穿短裤，却穿了一条长长的军裤，衣袖高高卷起，露出一双黝黑的手臂，头上端正地戴着一顶军帽。”文中的“他”是________。

26. 黎纪纲掀开蓝布长袍，把《时代》卷起来，放进内衣口袋。故意露出了一些粉红色的打字纸的边沿来引起________的注意。

27. “慈居 ”这个名字，可以叫人联想到，这儿也许是某某要人的公馆，但从那警卫森严的气势来看，又像一处阴森的衙门。这地方正是________________公署的一部分。

28. 军统人员不能超越少将军衔是因为军统的头子________是戴着少将领章死的。

29. ________心里，不仅对甫志高扩张书店的所作所为非常不满，而且敏锐地感到一种危险，多年的经验使他不能不对一切不正常的现象，引起应有的警觉。

30. 许云峰被敌人从渣滓洞转移到________。

二、判断题

1. 成瑶做《蜀光日报》时化名为刘洋。 （　　）
2. 书中江姐在城门口泪流满面是因为遇见双枪老太婆，心里很激动。 （　　）
3. 江姐被捕后关在了渣滓洞。 （　　）
4. 叛徒甫志高最后被余新江除掉了。 （　　）
5. 刘思扬在白公馆被注射了“诚实注射剂”。 （　　）
6. 甫志高曾瞒着组织向成岗借钱。 （　　）
7. 成岗是江姐的交通员。 （　　）
8. 刘思扬有一个跟他一样爱国的恋人成瑶。 （　　）
9. 许云峰要求办一个灰色的书店来做联络站。 （　　）

10. 黎纪纲化装成失业青年到书店看书。（ ）

11. “我已经说过了。拷打得不到的东西，刑场上同样得不到！”这句话是江姐说的。（ ）

12. 刘思扬和孙明霞开始关在同一所监狱（渣滓洞）里。（ ）

13. 遇到特务监视时，一老（黄以声）一少（小萝卜头），就用法文对话。（ ）

14. 女牢里有一个叫李青竹的人和江姐关在一起。（ ）

15. 渣滓洞里还关着一个头发上扎着鲜红发结的姑娘孙明霞。（ ）

16. 黎纪纲的领导是严醉。（ ）

17. 李光明、江克难都是特务。（ ）

18. 成岗在《挺进报》改成铅印后就被捕了。（ ）

19. 沙坪书店的工作人员是从炮厂调来的。（ ）

20.《囚歌》是叶挺带给楼七室的。（ ）

三、选择题

1. 以下不是《红岩》书中的人物的是( )

A. 老丁　B. 陈柏林　C. 景一清　D. 黎纪纲

2.《红岩》书中把地牢挖穿的人是( )

A. 成岗　B. 余新江　C. 许云峰　D. 刘思扬

3. 为了表示和谈的“诚意”，集中营假意释放的一些政治犯有下面

的(　　)

A. 霍以常　B. 华为　C. 李敬原　D. 刘思扬

4.《红岩》出版后在社会上引起强烈反响，被誉为“共产主义的奇书”，并被翻译成多种外文，在国内外为中国社会主义文学赢得了巨大声誉，“文革”中该书被诬蔑为(　　)

A. 叛徒文学　B. 共匪文学　C. 叛徒文刊　D. 共匪文刊

5. 以下不是关在白公馆的人是(　　)

A. 胡浩　B. 黄以声　C. 龙光华　D. 齐晓轩

6. 江姐准备坐船去华蓥山根据地时到江边为她送行的人是(　　)

A. 成岗　B. 甫志高　C. 许云峰　D. 刘思扬

7. 文中军统特务机关内部有“公”“秘”两个单位，其中“公”的负责人是(　　)

A. 徐鹏飞　B. 严醉　C. 朱介　D. 陆清

8. 书店暴露，许云峰约甫志高第二天上午十点再见面的地点是(　　)

A. 新生茶园　B. 清雅茶园

C. 天天咖啡店　D. 心心咖啡店

9. 甫志高用谁的名义做了沙坪书店的保证人？(　　)

A. 成岗　B. 余新江　C. 许云峰　D. 刘思扬

10. 军统特务机关给自己取的名字是自称(　　)

A. 梅机关　B. 西联公署　C. 大家庭　D. 机关院

11. 在《红岩》第一章中，报童卖的是(　　)

A.《中央日报》《挺进报》　B.《中央日报》《蜀光日报》

C.《中央日报》《和平日报》　D.《和平日报》《蜀光日报》

12. 中美技术合作所就是在红岩，离那里不远的地方是抗日战争时八路军驻重庆办事处。要投奔延安的青年如果不熟悉红岩的话，很容易被特务引到监狱里面。后来办事处撤走了，监狱还是用来关押(　　)

A. 政治犯人　B. 共产党　C. 红军　D. 解放军

13. 狱中过元旦时，楼七室做了许多五角星，第一个想到并做了五角星的人是(　　)

A. 成岗　B. 余新江　C. 许云峰　D. 刘思扬

14. 许云峰不幸被捕，他被捕的时候还在担心其他同志的安全，他被捕时在(　　)

A. 书店　B. 马路上　C. 茶园　D. 家里

15. 在渣滓洞，江姐受刑的时候，有个人带头唱起了囚歌，这个人是(　　)

A. 许云峰　B. 余新江　C. 刘思扬　D. 江姐

16. 领导厂里工人通过复工来解决生活困难，并取得工人的信任和支持的人是(　　)

A. 许云峰　B. 老杨师傅　C. 余新江　D. 成岗

17. 炮厂两个纵火犯被全身捆绑着押解过来。他们是(　　)

A. 工人　B. 特务　C. 共产党员　D. 学生

18. 刘思扬在越狱时，取下了一件东西作为特殊纪念品，这件东西是(　　)

A. 五星　B. 铁锁　C. 钥匙　D. 笔

19. 到川北抓捕江姐的领头特务是西南特区副区长(　　)

A. 徐鹏飞　B. 沈养斋　C. 朱介　D. 甫志高

20. 白公馆的党组织是(　　)

A. 特支　B. 党支　C. 红岩　D. 小分队

21.《铁窗小诗》是谁进狱后写的(　　)

A. 许云峰　B. 余新江　C. 刘思扬　D. 成岗

22. “竹签子是竹做的，共产党员的意志是钢铁!”是谁说的(　　)

A. 江姐　B. 余新江　C. 孙明霞　D. 成岗

23. 刘思扬离开渣滓洞时，谁教给他一首诗让他到白公馆里时和同志们接头？(　　)

A. 许云峰　B. 老大哥　C. 江姐　D. 余新江

24. 为了表示和谈的“诚意”，集中营假意释放了一些政治犯，来自资本家家庭的共产党员刘思扬也是其中之一。在他被送回刘公馆的第二天夜里，化作“老朱”来骗取他信任的是(　　)

A. 朱介　B. 郑克昌　C. 黎纪纲　D. 陆清

25. 成岗的入党介绍人是(　　)

A. 许云峰　B. 李敬原　C. 江姐　D. 他大哥

26. 徐鹏飞趁严醉到云南，把黎纪纲叫来刺探情况，实施抓捕(　　)

A. 甫志高和许云峰　　B. 甫志高和陈松林

C. 郑克昌和陈松林　　D. 成岗和华为

27. 小说中第一个出场的共产党员是(　　)

A. 江姐　　B. 李敬原　　C. 余新江　　D. 许云峰

28. “线儿长，针儿密，含着热泪绣红旗。”歌曲《绣红旗》表现的是《红岩》中的主人公和难友们在渣滓洞里为庆祝（　　）一起绣红旗的场面。

A. 元旦　　B. 有水喝

C. 中华人民共和国成立　　D. 找到党组织

29. 小说中，江姐和老彭的孩子快三岁了，抚养他的人是(　　)

A. 华为的母亲　　B. 老许的爱人

C. 成岗的母亲　　D. 李敬原的爱人

30. 在成岗包揽刻钢板和印刷之前，刻钢板的是(　　)

A. 许云峰　　B. 李敬原　　C. 江姐　　D. 刘思扬

四、简答题

1. 书中提到的《进攻》和《挺进报》两种刊物有何不同？

____

____

2. 成岗被捕前做了什么，为后来的同志们送出情报？

3. 刘思扬在牢房的墙壁上看到“用指甲深深刻画的一条条痕印”，是谁画的？为什么要画这些痕印？

4. 龙光华牺牲后，渣滓洞牢房绝食抗议，谈了哪些条件？

5. 在狱中写下《囚歌》的共产党人是谁？你能默写《囚歌》吗？

6. 特务徐鹏飞在审许云峰没有结果的时候，找来一个摄影师玛丽，又摆宴席请许云峰吃饭，他想要做什么？

7. 在狱中有一个叫“老大哥”的同志，他和余新江在哪里相识的？“老大哥”有什么外貌特征？

8. 狱中过元旦时，谁提议大家庆新年作春联的？春联为何不好作？

9. 小说第十七章中“学生请愿”的口号和条件是什么？

10. 小说中写下“自白书”的人是谁？他的英雄人物原型是谁？

11. 特务黎纪纲是如何取得地下党的信任的？

12. 狱中斗争是小说的主要部分，是围绕什么展开的？有什么意义？

13. 许云峰被捕前从容掩护谁离开了？他还交代了什么？

14. 罗世文交给华子良的任务是什么？

15. 华子良与地下党的联络口号是什么？这个口号是怎么得来的？

16. 双枪老太婆得知江姐被捕，带人下山营救江姐，有没有成功？为什么？

17. 江姐发现甫志高是叛徒时并没有马上揭穿他，为什么？

18. 小说中的“小萝卜头”的爸爸是谁？“小萝卜头”这么小，为何被抓进监狱？

19. “红色岩石永远刻下了你的容颜和故事”的意义是什么？红岩之魂是什么？

20. 请谈谈你对“红岩”二字的理解。作为新时代的年轻人，应该如何继承和发扬“红岩”精神？

五、阅读题

（一）

①江姐趋前几步，挨近围在城墙边的人群。她听见人丛里有低沉的叹息，有愤慨的不平，这种同情和悲痛，深深注进她的心坎。又是一批革命者，为党为人民，奉献出了自己宝贵的生命。虽然还不太了解情况，但是凭着经验，她知道牺牲的定是自己的同志。她在心中喃喃地说："安息吧，同志，我们定要为你们复仇！"

②江姐想到自己的任务，尽量冷静下来，不愿久看，掉回头，默默地走开了。她刚走了几步，心里又浮现出一个念头：就这样走开，连牺牲者的姓名也不知道，这对得起死难的战友吗？应该仔细看看，了解他们的姓名，记住他们牺牲的经过，报告给党，让同志们永远纪念他们。鲜红的血，应该播下复仇的种子！

③江姐转回头，再一次靠近拥挤的人群，强自镇定着脸上的表情，抑制着不断涌向心头的激怒。她的目光逡巡着，忽然看见城墙上，张贴着一张巨幅布告。布告被雨水淋透了，字迹有些模糊，几行姓名，一一被红笔粗暴地勾画过，经过雨水浸渍，仿佛变成朵朵殷红的血花……江姐挤过了几个人，靠近布告，她的目光，突然被第一行的姓名吸引住，一动不动地死盯在那意外的名字上。

④是眼神晕眩？还是自己过于激动？布告上怎么会出现他的名字？她觉得眼前金星飞溅，布告也在浮动。江姐伸手擦去额上混着

雨水的冷汗，再仔细看看，映进眼帘的，仍然是那行使她周身冰冷的字迹：________________________________

⑤老彭？他不就是我多少年来朝夕相处、患难与共的战友、同志、丈夫么！不会是他，他怎能在这种时刻牺牲？一定是敌人的欺骗！可是，这里挂的，又是谁的头呢？江姐艰难地，急切地向前移动，抬起头，仰望着城楼。目光穿过雨雾，到底看清楚了那熟悉的脸型。啊，真的是他！他大睁着一双渴望胜利的眼睛，直视着苦难中的人民！老彭，老彭，你不是率领着队伍，日夜打击匪军？你不是和我相约：共同战斗到天明！

（见《红岩》p. 67—68）

1. 江姐看到的使她周身冰冷的字迹是什么？

____

____

2. 第②段中画线的句子有什么作用？

____

____

3. 怎样理解选文最后一句“你不是和我相约：共同战斗到天明”？

____

____

4. 江姐有一句名言，你能写下来吗？结合全书，说说你对江姐的印象。

(二)

快十点钟了。星期天不上班，厂里静悄悄的。成岗还在紧张地印刷，剩下的纸，慢慢在减少，减少……他得赶快印完，李敬原会准时派人来拿的。

终于印完了最后一页。这一期消息很重要，收复延安的战报，是李敬原那天晚上兴奋地刻写的蜡纸。成岗记得，当他和李敬原一再读着这条消息的时候，两个人激动地谈论着胜利和即将出现的更大胜利，通夜不眠，直到天明，澎湃的心潮一直无法平静。

这时候，成岗才感到头有些发昏，腰、臂都麻木了，从镜子里看出自己的眼睛熬得通红。他已经一连熬过两个通夜了。

把印过的蜡纸堆在一起，擦燃火柴烧掉。接着，他把印好的纸，一份份清理拢来。这期《挺进报》有五页，一共是两千五百份，他还得赶快工作，才清理得完。他相信，收复延安的胜利，一定会给群众带来最大的鼓舞，给还在妄想扩大军火生产的敌人以最沉重的打击。

附近有人在讲话，也许是厂里的工人吧？成岗来不及多想，他得加快速度，赶紧工作。

隔壁，从寝室里传来了杂沓的脚步声。接着，就听到妈妈慌张的声音：

“成岗不在家，钥匙他带走了！”

妈妈的声音很大。她从来没有这样大声讲过话。大概是希望让儿子听到。成岗一惊，突然站起来。他明白这是出现了敌人！在这时候，要想保全印刷机关和印刷品，是不可能的，如果自己逃命，也许可能，但他不能这样，也根本不想这样。此刻他需要做的，是宁肯牺牲自己，也不能让来找自己的同志和党的组织受到任何损失！他立刻拉开夜里用来遮灯光的窗帘，然后轻轻推开了窗户，把一把经常放在储藏室里备用的扫帚，小心地挂到窗口外面的那颗钉子上去——有了这个暗号，来找他的同志，远远地就可以发现危险的警号，不会再进厂里来。

隔壁，有人正在用力打门。

挂好扫帚以后，他放心了一些，危险再不能威胁党和同志们了。他回头看看，决定在敌人破门以前离开。可是，不能把党的文件留给敌人，他转回身来，又把《挺进报》全部捆成一捆，挟着报纸，纵身跳上窗台，想从楼口跳下去。只要跳下去了，两分钟以后，就可以躲进工人宿舍，敌人再也找不到他了。

（见《红岩》p. 140—141）

1. “这一期消息很重要，收复延安的战报，是李敬原那天晚上兴奋地刻写的蜡纸……两个人激动地谈论着胜利和即将出现的更大胜利，通夜不眠，直到天明，澎湃的心潮一直无法平静。”文中“兴奋”“激动”“澎湃”这几个词有什么作用？

2. 在敌人破门，生命危急的时刻，成岗做了什么？他为什么要这样做？

3. 选文最后说“只要跳下去了，两分钟以后，就可以躲进工人宿舍，敌人再也找不到他了”。他最后逃脱了吗？请你讲讲后面的情节。

4. 你还知道关于成岗的什么事迹？

（三）

“我看你们两个简直是在互相挑战，搞起竞赛来了。”他把“你们”两个字说得很重，说着便从背心口袋里摸出一张纸条，交给成岗，“这是他给你的回信。”

“啊，回信啦！”

成岗记得，正是那个和眼前一样温暖的晚上，穿着西服，戴着墨框眼镜的李敬原，第一次来到他家里。老李，是个干练而深沉的人，略微近视的目光，藏在墨框眼镜里，什么也不让人看出。即使是稀有的感情流露，也只是眼角一笑即止，分外含蓄。斑白的发丝，记录着他经历过的斗争岁月。他没有那种多讲话的习惯，三言两语便把问题揭示无余，对工作则要求严格，他的一举一动都是一丝不苟的。每次从他手上，成岗得到的，不再是刻写清楚的蜡纸，而是一叠叠的新闻记录稿。

那些稿件，全是用工整而秀丽的字抄写的，从来没有错落。看得出，那个负责收录新华社广播的同志，是个勤勤恳恳、热情地为党工作的人。

他是个什么样的人呢？成岗不能不猜测：也许，在白天，他和我一样，有着公开的职业，而每个晚上，他都得秘密地也是不知疲倦地坐在房间里，轻轻地打开收音机，让来自解放区的广播，从嘈杂的干扰中传播过来，紧张地听着，紧张地记录下，然后再将记录稿用毛笔端正地抄写一遍。每个晚上，他都得紧张地工作几小时，得不到充分的睡眠；没有星期六，也没有星期天，一年到头，都没有假期……

成岗忍不住提出了要求："……让我给他写封信吧！……我知道和一个与自己没有直接组织关系的人通信、结识，都是违反秘密工作原则的。只让我写一次，表示我的敬意，让我不签名地写封信！"

"好吧。"李敬原那一次比较宽和，终于点点头说："只此一次，下不为例！你写简单一点。”

成岗想说的话太多了，不知怎么写，才能表达自己的感情，最后他写上一句简单而准确的话：

致以革命的敬礼！

这几天，成岗正在等着对方的回信，谁知道对方是个什么人呢？是个老年还是个青年，是男同志还是女同志？只有一点是可以确定无疑的：那是个很好的同志。

成岗兴奋地从李敬原手上接过了回信。他仔细地看了看，回信也只有一句话：______________

（见《红岩》p. 85—88）

1. 跟成岗通信的人是谁？回信的内容是什么？小说中还有个位置出现了他们的通信内容，你知道在哪里吗？

____

____

2. 文中画线的部分有什么作用？

____

____

3. “那是个很好的同志”，这是成岗对未见面的刘思扬的评价，结合全书，说说你对刘思扬的评价。

____

____

（四）

“前几天，关进来一个很重要的人，就关在我们住的地牢底下，一间漆黑的地窖里，连窗子都没有。那条隧道深得很，没有关人的时候，我去探过，全是石墙，又矮又窄，腰都直不起来，霉臭得叫人发呕。老鼠的眼睛像鬼火，吱吱地叫，真吓人得很……”

“啊——”成岗一直屏着呼吸，这时才吐了一口气。他过去不知道、也从未听说过这间地窖，更不知道里面关得有人。

“那个人是半夜里关进去的，第二天我才看见隧道外边流着一摊摊的血……”小萝卜头的声音变得很低，很警惕。“齐伯伯说，那个人被拖进地窖的时候，已经昏死了。齐伯伯要我去打听，和他联系……可是一直都没有机会，特务管得很紧，两道没有风洞的铁板门，都上了锁，进不去。我喊过他，他没有答应。昨晚上我听说要到贵州了，又去喊他，他还是没有听见，我又怕特务发觉，声音不敢再大……”

从小萝卜头的话里，成岗心底，出现了一个冰冷的疙瘩。

“……到这阵，还不知道他是谁……连姓名都不知道。”小萝卜头歉疚地低着头。“昨天，特务懒得自己去送饭了，改成厨工去。我看见送饭的厨工摘了些野葱拿进地窖，我正想托他带口信进去，哪晓得特务当场就发现了厨工送野葱的事……现在换成个鬼疯子送饭，鬼疯子是个胆小鬼！你说，该怎么告诉齐伯伯啊……我今天就要走了……”

小萝卜头的声音里，充满了未能完成任务的内疚和责任心。他变得那样痛苦，明亮的眼睛黯淡下来，难过得快流泪了。成岗也感到沉重，在孩子面前沉默了。那是谁啊，被封锁在密不通风的地窖深处？一个强烈的愿望涌现出来，成岗宁愿用自己去代替那个战友遭受的窒息，而让他回到阳光底下来呼吸一口新鲜空气。

一阵压抑、低沉、无能为力的痛苦，抓紧了成岗的心，为这生离死别的场面，带来更加沉重的苦汁。但是，成岗不愿意任自己的感情被暗影蒙蔽，更不能让孩子的心上永远残留着这种负疚的回忆，他想拂去孩子的痛苦，拂去种种不祥的魔影。成岗用力地捏着小萝卜头的小手，用满怀信心的口吻安慰着他：

“小萝卜头，你放心，我们有办法联系上的。”

小萝卜头凝着泪水，望望成岗，似信非信地点了点头。

“真的，小萝卜头。你走了，我们还有许多人在啊！你说对吗？”

这回，小萝卜头终于相信了。齐伯伯，成岗，还有许多的人留在白公馆，他们都不会忘记地窖里那个人的。

（见《红岩》p. 391—394）

1. “前几天，关进来一个很重要的人，就关在我们住的地牢底下，一间漆黑的地窖里，连窗子都没有。”这个“关进来”的人是谁？

____

____

2. 小萝卜头说的“现在换成个鬼疯子送饭，鬼疯子是个胆小鬼”中的“鬼疯子”是谁？他是怎么疯的？

____

____

3. 说说你对选文画线部分的理解。

____

____

4. 萝卜头要离开白公馆时，送给成岗一件什么礼物？

____

____

（五）

转过墙角，一池清泉就在眼前。现在水池又修整过了，山泉顺着竹筒，通过险峻的山峦，密密的电网，“咕嘟咕嘟”地畅流进来。几个年轻学生，马上就蹲在池边，洗过脸，又洗衣服。

早晨的阳光，温暖地照射着这宁静的角落。高邦晋坐在旁边，默默打量着四边的景色，他的双颊透着红光，但是在他心头，却是一团慌乱。特别顾问的战术毫无用处，第一个回合就失策地引起了余新江对他的怀疑。他深感到自己无能为力，一次比一次困难的任务，使他愈来愈显得笨拙，其实，这怎能怪他愚蠢？一种身入虎穴的畏惧之感，使他害怕了。

清亮的泉水，冲激起珍珠似的泡沫，溅出雨点般清凉的水珠，又引起了学生们的欢笑。

“好凉快！我来洗头。”霍以常想推开小宁，可是小宁不让，他正尝着那略带甘甜的泉水：“这水好甜，我再喝点……”

“小宁，不要喝生水！”景一清干涉着，“喝生水要生病的。”

“不会。”小宁把嘴唇凑近水源，喝着，不提防霍以常一伸手推他一掌，泉水喷进他的衣领去了。小宁马上用手把泉水向正在嬉笑的霍以常泼去，两个人一齐哈哈大笑。

“小宁，和尚！”景一清警告着，“当心打湿了衣裳。”

“好，别打水仗了。”高邦晋劝解着，又问：“你们知道这水池的来历吗？”此刻，他十分急切地希望利用学生的幼稚，冒险发动一次斗争，但愿在斗争中发现监狱党的活动。除此而外，他还有什么办法呢？箭在弦上，不得不发，他只是一支被人操纵的箭而已，而且，他知道，绝对不能再拖下去，否则，他连学生们也将不能指使了。

听这一问，小宁同霍以常立刻安静下来。期待着高邦晋告诉他们。

（见《红岩》p. 419—420）

1. 文中的高邦晋是谁？小说中他一共伪装了几次？他这一次伪装入狱的目的是什么？

____

____

2. 高邦晋问小宁他们："你们知道这水池的来历吗？"这里的水池有什么来历呢？

____

____

3. "早晨的阳光，温暖地照射着这宁静的角落。高邦晋坐在旁边，默默打量着四边的景色，他的双颊透着红光，但是在他心头，却是一团慌乱。"这段描写有什么作用？

____

____

4. 高邦晋的结局是怎样的？余新江是用什么方法让高邦晋露馅的？

____

____

参考答案

一、填空题

1. 罗广斌　杨益言　《烈火中永生》

2. 许云峰　许云峰　沙坪书店

3. 刘思扬　4. 江姐（江雪琴）

5. 白公馆　渣滓洞　6. 徐鹏飞

7. “双枪老太婆”　8. 华子良

9. 小萝卜头　黄以声　宋振中

10.《挺进报》　11. 甫志高　魏吉伯

12.“监狱之花”　13.“猫头鹰”

14. 红岩村　15. 齐晓轩　16. 茶园

17. 陈松林　18. 甫志高

19.《烈火中永生》　20. 华为

21. 齐晓轩　22. 成岗

23. 成瑶　华为

24.“监狱之花”的母亲　江姐

25. 龙光华　26. 陈松林

27. 国民党西南长官　28. 戴笠

29. 许云峰　30. 白公馆

二、判断题

1. ×（化名为陈静）

2. ×（流泪是因为看到她的丈夫老彭牺牲）

3. √

4. ×（甫志高是被华为除掉的）

5. ×（被注射了“诚实注射剂”的是成岗）

6. √

7. ×（成岗是许云峰的交通员）

8. ×（刘思扬的恋人是孙明霞）

9. √

10. ×（化装成失业青年到书店看书的人是郑克昌）

11. ×（这是许云峰面对敌人威胁时说的）

12. √

13. ×（他们用俄文对话）

14. √ 15. √ 16. √

17. ×（李光明、江克难都是国民党特务机关的化名）

18. ×（成岗在《挺进报》改成铅印前被捕的）

19. ×（沙坪书店的工作人员陈松林是从修配厂调来的）

20. ×（《囚歌》是龙光华带给楼七室的）

三、选择题

1. B. 陈松林 2. C. 许云峰 3. D. 刘思扬 4. A. 叛徒文学 5. D. 齐晓轩 6. B. 甫志高 7. A. 徐鹏飞 8. D. 心心咖啡店 9. D. 刘思扬 10. C. 大家庭 11. C. 《中央日报》《和平日报》 12. A. 政治犯人 13. B. 余新江 14. C. 茶园 15. C. 刘思扬 16. D. 成岗 17. B. 特务 18. B. 铁锁 19. B. 沈养斋 20. A. 特支 21. C. 刘思扬 22. A. 江姐 23. B. 老大哥 24. B. 郑克昌 25. D. 他大哥 26. B. 甫志高和陈松林 27. C. 余新江 28. C. 中华人民共和国成立 29. C. 成岗的母亲 30. C. 江姐

四、简答题

1.《进攻》是党内刊物，群众看不到，《挺进报》是群众性的宣传刊物。

2. 他把一把经常放在储藏室里备用的扫帚，挂在窗口的钉子上，有了这个暗号，来找他的同志，远远地就可以发现危险警示，就不会再进厂来。

3. 画痕印的人是丁长发，他画下的痕印正是特务无数次秘密屠杀的铁证。

4. 第一，白绸裹尸，用棺木礼葬龙光华；第二，今后遇到病号，一律送医院治疗；第三，废除一切非人的迫害和虐待，改善政治犯的生活待遇。

5. 写下《囚歌》的共产党人是叶挺将军。为人进出的门紧锁着，为狗爬出的洞敞开着……一个声音高叫着：——爬出来吧，给你自由！我渴望着自由，但也深深地知道——人的身躯怎能从狗的洞子里爬出！我希望有一天地下的烈火，将我连这活棺材一齐烧掉，我应该在烈火和热血中得到永生！

6. 想要拍摄一张徐鹏飞与许云峰碰杯的照片，并配以“中共地下党负责人与政府当局欣然合作”的标题，以引起重庆地下党和全市工人的思想混乱。

7. “老大哥”和余新江曾在武汉相识。“老大哥”左耳根上长着一颗大大的黑痣，痣上还有一撮长毛。

8. 是老大哥提议的。春联又要中肯，一针见血，发人深省；又要适当地含蓄，要同志们一看就懂；又要特务看不全懂，或者根本看不懂，所以很不好作。

9. 口号：反美帝、反内战、争生存、争温饱。四项条件：第一，停止内战，接受中共八条二十四款；第二，取缔特务机关，反动党团退出学校；第三，保障人权，保证言论集会自由；第四，要求全部公费，提高教师待遇。

10. 小说中写下“自白书”的人是成岗，他的原型人物是陈然。

11. 特务黎纪纲在重庆大学利用他被打伤的事件，演出一场“苦肉计”，取得地下党的信任。

12. 围绕江姐、许云峰两位人物的斗争活动展开，真实地表现了共产党人英勇无畏的精神，揭露了敌人的残暴。

13. 许云峰被捕前从容掩护了李敬原离开，他要李敬原通知区委、成岗、刘思扬、余新江等所有甫志高知道的同志全部转移。

14. 先让敌人确信他精神失常，然后，

与地下党建立联系，完成越狱突围任务。

15. 口号是“让我们迎接这个伟大的日子吧。”这口号是从地下党秘密送来的《论联合政府》中，摘选下来的最后一句。

16. 没有成功，因为敌人临时改变计划，连夜用船将江姐押往重庆。

17. 江姐想掩护华为走得更远一些。

18. “小萝卜头”的爸爸是杨虎城将军的秘书，原来西安《西北文化日报》社长宋绮云，国民党秘密囚禁杨将军之后，又逮捕了宋绮云夫妇，那时，“小萝卜头”还是个才出世的乳婴，所以也给带进了监狱。

19. 红色岩石有着烈士洒下的鲜血，提示着人们不要忘记革命烈士曾经有过的不屈不挠的艰苦斗争的岁月，珍视今天的幸福生活。红岩魂指渣滓洞狱中的革命烈士不屈不挠的斗争精神。

20. 红是革命的颜色，岩石又是非常坚硬的物质，革命者在狱中坚持斗争坚韧不拔，就像红色的石头一样。红岩精神是我们中华民族民族精神的重要组成部分，是民族精神、时代精神、共产主义精神的有机统一，是历史留给我们的宝贵精神财富，是中华民族的精神瑰宝。它曾激励几代中国人奋发向上，尽管现在我们所处的时代和面临的任务与产生红岩精神的时代背景不同，但它仍然是激励我们开拓进取的强大精神动力，仍然是当代青年学生进行自我教育的宝贵资源。崇高理想的实现需要经过无数代人的不懈努力，需要后人继承革命前辈的遗志，学习革命前辈的精神，发扬艰苦奋斗作风。

五、阅读题

（一）

1. 华蓥山纵队政委彭松涛。

2. 这里是对江姐的心理描写，表现了共产党人深厚的革命情谊，也为后文发现老彭的被害埋下伏笔。

3. 这句既是江姐与爱人之间的约定，也是革命同志之间的约定。“天明”就是革命胜利的时刻，这句话也表现了共产党人必胜的革命信念和无私的革命奉献精神。

4. 江姐名言：毒刑拷打是太小的考验！竹签子是竹做的，共产党员的意志是钢铁！江姐对党忠贞，忠于理想，爱国，爱人民，对敌斗争顽强不屈，立场坚定，在危急关头从容镇定，对革命同志血肉情深等。

（二）

1. “兴奋”“激动”“澎湃”这几个词写出了革命战士对胜利的期待，对革命必胜的坚定信念和乐观的革命精神。

2. 在敌人破门，生命危急的时刻，成岗宁肯牺牲自己，也不能让来找自己的同志和党的组织受到任何损失！他拉开夜里用来遮灯光的窗帘，然后轻轻推开了窗户，把一把经常放在储藏室里备用的扫帚，小心地挂到窗口外面的那颗钉子上去——有了这个暗号，来找他的同志，远远地就可以发现危险的警号，不会再进厂。

3. 成岗最后并没有逃脱。工厂已经被包围，楼底下布满了特务。成岗只好退下窗台。这时，小门已被猛力击破。成岗转过身来，几支手枪对准他的胸膛。

4. 成岗写了《我的“自白书”》，后来被注射了“诚实注射剂”，凭着顽强的意志没有暴露任何党的秘密。

（三）

1. 跟成岗通信的人是刘思扬，回信的内容是“紧紧地握你的手!”在小说第二十章，刘思扬和成岗在白公馆互相确认身份时又提到信的内容。

2. 画线部分用成岗的猜测写出了收录新闻工作同志的认真负责。这处描写也与后文刘思扬被捕前还在收听新闻相照应。

3. 刘思扬出自豪门大户，却投身革命：本可锦衣玉食的他为了信仰劳碌奔波，他是革命者中的一面别样的旗帜，他是知识分子中的楷模。他有着坚定的革命信念，他是甘愿吃苦为人民大众谋幸福的中共党员。

（四）

1. 这个“关进来”的人是许云峰。

2. “鬼疯子”就是华子良。他并没有疯，他是奉命装疯潜伏在白公馆的共产党员。

3. “歉疚”一词写出了小萝卜头没有能完成任务心里很难过。这一段的语言也充满了未能完成任务的内疚和责任心。一个小孩子的懂事让人心疼，也预示革命事业后继有人，一定可以取得成功。

4. 一幅名为《黎明》的水彩画，蓝天下，金黄色的山，翠绿的森林，红色的太阳。

（五）

1. 高邦晋就是特务郑克昌，他一共伪装了3次。他这一次伪装入狱的目的是发现监狱内党的活动。

2. 一年以前，这里还是一片荒土，水池是渣滓洞集中营里的几百个战友，和“猩猩”“猫头鹰”，进行了无数次斗争，最后用了流血牺牲和绝食，才迫使敌人开出来的。

3. 这段景物描写用温暖的阳光反衬高邦晋慌乱的内心，他的恐惧、害怕也侧面表现了共产党力量的强大。

4. 高邦晋最后被余新江除掉了。余新江写了一封假信，故意让假扮高邦晋的郑克昌发现，并将情报送走，敌人逮捕狗熊，高邦晋也因此露馅。

《红岩》阅读记录单

学校　　　　　　班级　　　　　　姓名

第一类接触：
☆读完这篇小说，你前后经历了多少天？
☆你用了导读方案并按计划阅读吗？用的是什么样的导读方案或者导读书籍呢？
☆在阅读过程中你与哪些同学或他人谈论过这篇文章？
☆这篇小说中有位女英雄典范江姐，你能给大家讲讲她的故事吗？（100 字左右）
☆这篇小说中有位英雄叫许云峰，请你说说他为什么是大家心中的精神榜样。
☆除了江姐、许云峰，《红岩》中还有许多英雄人物，请对其中 3 个你印象最深的英雄用一两句话描述。
☆请简要概括在白公馆里发生的让你印象最深的事情。
☆请简要概括在渣滓洞里发生的让你印象最深的事情。
☆《红岩》中的英雄留下了许多鼓舞人心的语录，请你写下自己最有感触的话语。
☆《红岩》中渣滓洞和白公馆的同志共同计划的大事件是什么，结果怎么样？

第二类接触：
☆读完这篇小说，你认为自己有了哪些收获？
☆小说中有位小英雄“小萝卜头”，请你对他讲几句心里话。
☆小说中江姐和她丈夫为了革命将自己的孩子托付给别人照顾，假如你是那个孩子，你想对他们说些什么呢？
☆小说中有英雄越狱幸存，如果你作为记者去采访他们，你最想提的两个问题是什么？
☆有人说，现在又不会有战争，我读这样的战争故事有什么用呢？请谈谈你的看法。
☆你还读过哪些塑造英雄人物的小说？向同学们推荐一下，写一段推荐词。
☆请为你心中的一位英雄写一段颁奖词。
☆你还想阅读哪部作品？请写出这部作品的名字。

语文教师（签名）：________

编者小启

为了便于中学生更好地阅读名著，我们选用了一些专家、学者及学生的论文，我们尽力联系了授权，但仍有部分作者或著作权人没能联系上。望作者或著作权人见到本书后，及时联系我们，以便奉上样书，并付薄酬。

长江文艺出版社

2020年10月

图书在版编目（CIP）数据

红岩引读 / 湖北省教育科学研究院组织编写. -- 武汉：长江文艺出版社，2020.11（2024.9 重印）
ISBN 978-7-5702-1857-8

Ⅰ. ①红… Ⅱ. ①湖… Ⅲ. ①阅读课—初中—教学参考资料 Ⅳ. ①G634.333

中国版本图书馆 CIP 数据核字(2020)第 197871 号

责任编辑：李婉莹　　责任校对：毛季慧
封面设计：新华智品　　责任印制：邱　莉　丁　涛

出版：长江出版传媒 | 长江文艺出版社
地址：武汉市雄楚大街 268 号　　邮编：430070
发行：长江文艺出版社
http://www.cjlap.com
印刷：三河市百盛印装有限公司

开本：880 毫米×1250 毫米　1/32　印张：3.625
版次：2020 年 11 月第 1 版　2024 年 9 月第 6 次印刷
字数：64 千字

定价：36.00 元